ピンチを乗り切る言い訳大全

言い訳研究会・編

TOブックス

はじめに

私たちは誰でも、日常生活を送る中で、自分から望んだわけでもないのに、さまざまなトラブル、難局、修羅場に巻き込まれることがあります。そんな時、どうにかしてそんなピンチを脱する武器があればと思ったことはないでしょうか。

そんな場面を巧みに乗り切る最強の武器、それこそが「言い訳」なのです。

本書には、誰にでも起こり得る普遍的な事例から、「まさかこんなことが自分の身に起こるはずがない」という事例まで、幅広く収録しました。「起こるはずのない」ことが起こってしまうのがこの世の常です。「まさかこんなことが……」という事例も頭に入れておいて頂けると、「もしもの時」意外に役に立ったりするものです。

もちろん、「言い訳」をしないで済むのであれば、それに越したことはありません。しかし何が起こるかわからないこの時代、「言い訳」を巧みに使いこなせるというのは、ある意味「大人」のたしなみということなのかもしれません。

本書が、あなたのピンチをチャンスに変える一助になれば、こんなに嬉しいことはありません。ただし、本書の内容の実践に関しては、あくまでも自己責任でお願いいたします。

ピンチを乗り切る言い訳大全　目次

第1章

男女間の修羅場を乗り切る

01

下着泥棒がバレた！

下着泥棒が捕まると、なぜか体育館に収集物が並べられてニュースに流れる。あれは推測するに、我々が思うよりもこの社会に下着泥棒はたくさんおり、警察がメディアを通じて「こんな一生ものの恥をかきたくなければ止めておけ」というプレッシャーをかけようとしているのでは。そう、いまこの本を読んでいるあなたに！……かどうかはともかく、そんな局面に遭遇した場合の言い訳がこれだ。

こうして乗り切れ！

下着泥棒における重要なポイントは、「すでに窃盗罪は確定している」という点だ。

まあ1枚2枚の話であれば、「気づいたらカバンに紛れ込んでいたんです！」でどうにか逃げ切れる可能性もゼロではないだろう。

しかし何十枚、何百枚、何千枚と盗んでいる人が捕まって、「盗んでいない」と言い訳しても無意味。下着泥棒が全力を注ぎ込むべきなのは「変態泥棒」から単なる「泥棒」にクラスチェンジすること。そしてヒトラーではないが、つくなら大きな嘘を。

「難病を抱えて寝たきりの妹が、『どうせ私は大人になる前に死んじゃうから、せめて下着だけでも大人の気分になってみたい』と言うので……」

こう言って狂ったように泣きわめけば、きっと「盗まずに買えよ！」というツッコミに意識が集中して、見事あなたは単なる泥棒に。妹がいない人も、精神鑑定の末に無罪の可能性があるかもしれない！

02

自信満々の告白で異性にフラれた！

人間は勘違いしてしまう生き物。なぜかちょっとの偶然が重なり、さらに脳内麻薬の1つでも分泌されちゃった日には、実際はそんなことはないのに「あの子、俺のこと絶対好きじゃね？」などと思い込んでしまう。いつしかそれが自分の中では確固たる事実になり、〝確認作業〟としての告白という自爆行為に踏み出してしまいがち。そんな自爆をしてしまった人はどう言い訳すればいい!?

こうして乗り切れ!

フラれた後は基本的には撤退戦だ。愛されるよりも愛したい、マジで——と考える人も世間にはいるようだが、少なくとも「イヤイヤイヤ〜、実は俺のこと好きっしょ?」と突撃を続けられる人に言い訳は必要ない。つまり言い訳したい人のポイントは「いかに巧みに撤退するか」ということだ。

そして、人は撤退するときにどうしても「べ、別に元々お前のことなんかそんな興味ねーし!」などと己のチンケなプライドを守りに入りがち。でも、気持ちはよくわかるが、それでは上手くいかない。

「ご、ごめんね。こんな【生きてる価値もないヒキニートのキモヲタ】の俺なんかに告られちゃって、ご迷惑おかけしました!」

このように、【　】内の部分を適宜調整し、とにかく告白された相手を思いやろう。とたんに相手は気の毒さでいっぱいになり、それ以上の延焼を防ぐことができるはず。

03

飲み過ぎで終電を逃したとき妻にどう言う？

仕事も忙しく、財布も妻に握られているサラリーマン諸氏が日頃溜め込んでいるストレスの大きさは大変なもの。それだけに、たまに妻も公認で飲みに行ける日は、ついつい羽目を外して爆発してしまう。気がつけば、とっくに終電を逃して、妻からのＬＩＮＥも鬼のように降り積もっている……なんて経験、みなさんもあるのでは？

こんなとき、どんな言い訳をすればいいのだろうか。

こうして乗り切れ！

妻から怒りのＬＩＮＥやメールが来ている場合、中途半端に嘘をついても怒りに火を注ぐだけ。正直、平謝りがベターだが、上手く逃げおおせたいときは、妻の知らない空間で起こったハプニングをでっちあげよう。

「隣で飲んでたヤクザみたいな怖い人に気に入られちゃって、ちっとも帰してもらえなかったんだよ。でも、飲み代とタクシー代をおごってもらったから、その分で今度レストランでも行こうよ」

誰かが倒れて介抱した、なんて嘘は店に問い合わせれば一発でバレる。もちろん飲み代も交通費も自分で払っているわけで、まさに肉を斬らせて骨を断つ厳しい作戦だが、これなら妻からの追及をかわせるはず。

また、連絡がない場合や、怒りを通り越して心配の連絡が来ている場合は、仕事で大変なことがあって徹夜になってしまった——といった普通の嘘でもいけるかも。

04

浮気中、彼女からの着信に出ず咎められた！

野球で「選手交代をしたばかりの選手のところに打球が飛んでくる」というジンクスがあるのをご存知だろうか。まだ試合に心身ともに入り込めていない状態で、いきなり鋭い打球が飛んでくると大変。どんなときも常在戦場の気持ちでいなければいけないというわけだ。我々も同じように、なぜか悪いことをしているときほど、悪いと思っている相手から球が飛んでくるものなのだ……。

こうして乗り切れ！

ここで一番重要なのは、まず電話に出なかったことを彼女に問い詰められたときに動揺しないこと。

考えてもみてほしい。電話が鳴っており、自分でも着信に気づいているけど大切な商談中などで出られない、なんてことは当たり前のようにある。それと同じことが「たまたま」「浮気しているときに」「彼女からの着信」で起こっただけの話。

だから、ここで動揺しては負け。それは彼女に「あなたに言えないことをしていました」と告白するも同然だ。ここは堂々と、

「大学時代の恩師に偶然再会して、そのまま飲みに行く流れになって。着信には気づいてたけど、先生に次いつ会えるかわからないから……」

と、「わかっていたけど出られなかった」戦略をとろう。理由は仕事でも何でもいいが、社内恋愛カップルの場合、彼女が簡単にウラを取れるので要注意！

05

セックスが下手だと言われた！

男性にとって自分のセックスの腕前がどれくらいなのか、というのは永遠のテーマ。特に女性が大体演技をしてくれている――なんて話を聞いちゃった日には、それなりの経験がある人なら「アレは演技だったのだろうか」「いやでもアレは本当に感じていただろう……」などと気になってしょうがないはず。しかしそれ以上に問題なのは、明確に下手だと女性に突きつけられてしまったとき。さあ、いったいどうしたものやら……。

こうして乗り切れ！

このケース、言い訳の方向性は、①「自分の下手さを認めない」こと、②「下手さを認めた上でそうなった経緯を言い訳する」ことの二つに分かれる。
①の場合は、もう泥仕合しかない。「お前のエロリテラシーが低いんじゃねえの？」とか、「俺のアダムタッチを理解できないなんて、いままでロクなセックスしてないんだね、可哀想に」とか、上から目線で正面突破を試みよう。
問題は②の場合、ここは様々な方向性が考えられるが、やはりつくなら大きな嘘。

「昔、彼女をイカせすぎて、そのまま天国へ逝かせてしまったことがあって……それ以来、本気のセックスは封印してるんだ……」

というのはどうだろう？　え？　お相手が「死んでもいいから本気で抱いて」と言ってきたら……？　そのときは、負けを認めるか、物理的に逝かせるかの二択になるだろう……。

06

ケータイを勝手に見たことがバレてしまった！

今や、ケータイ（携帯電話・スマホ）は電話・メールだけでなく、LINEやFacebookなどのSNSの発展にともない、かつてないほどコミュニケーションツールとして重要な位置を占めている。そうなるとやはり気になってくるのが、自分の彼氏／彼女あるいは旦那／奥さんのケータイだ。「誰とやりとりしてるんだろう。ひょっとして浮気や不倫してるんじゃ……」と不安に駆られてついつい、こっそりケータイを見てしまい、そこに当の本人が現れて「何してるんだ？」と険悪な雰囲気に……。

こうして乗り切れ！

運悪くこっそりケータイを見ているのがバレてしまった時はこう言おう。

彼氏「ちょっとなに勝手にケータイ見てるんだ!?」

あなた「えっ、ごめんなさい。ケータイがピカピカ光ってて、電話がかかってきてるのかと思って、見てみたの。でも、違ったみたい、ごめんね」

この場合、電話がかかってきていたら、彼氏に教えてあげなきゃと思ってケータイを見たという流れなので、彼氏も「なんだそうだったのか。ありがとう」とあなたの優しさに感謝するはず。

逆にあなたが男性の場合は、

あなた「ごめん、ケータイがピカピカ光ってて、本体もすごく熱くなってたから自爆装置が起動したと思って。急いで停止させないと危ないと思ったからさ」

と、あなたが、彼女（奥さん）の命を気遣っての行為だったと伝えることで、その男らしさに相手もきっと許してしまうだろう。

07

セックスの最中に勃たなくなってしまった！

最近は残業続きで帰りが深夜。だけど、今日は金曜日、仕事帰りに彼女と合流して久々にディナーとデートを満喫。デート後はシティーホテルへ部屋をとり、彼女とワイン片手に部屋から夜景を見ながらロマンチックな気分に。ここまでの流れは完璧！　そのまま盛り上がり、ベッドへとなだれ込む。いざ、行為をはじめようとすると、しかしどうしたことか息子が寝てしまっているではないか!?

これはマズイ！　さぁ、どうする!?

こうして乗り切れ!

まず、息子が起きないという心の動揺を悟られないように、冷静を装い、落ち着くことが大事だ。ここで焦っては逆効果だ。息子が起きないことには、不安や緊張といった心理的要因も大きく影響する。落ち着きを取り戻したところでこう言おう。

「あ、ごめん、ごめん。君があまりにもセクシーだから興奮しすぎちゃって、僕の息子がのぼせちゃったよ。少し休めば治るからちょっと休憩しよう」と休憩に入り、その間に、冷静さを取り戻し、こころを落ち着ける。そうすると、息子も回復して起きてくる。

さて、一度仕切り直してここまでもっていけばこっちのもの。こうすることで、あなたの男としてのメンツも保て、さらに彼女のことも誉めることで、お互いに気まずい思いをしなくてすむだろう。

08

股間のもっこりを見られてしまった!

暑い夏の日に、エアコンもあまり効いていない社内で不覚にももっこりしてしまったことはない？　もっこりは、必ずしもエッチなことを考えていた訳ではないのに生理現象として自然におこってしまう困りもの。さて、そんなときはどうする!?

こうして乗り切れ！

「熱膨張だよ。膨張した物体を元にもどすには、同じ体積分収縮させてあげればいいんだ。ちょっと冷やしてくるね」といってトイレに向かおう。

こう言えば、自然にその場を離れてトイレへと逃げることができる上に、とりあえずその場での気まずさを軽減することができる。トイレに着いたら落ち着いて気を取り直して、身なりを整え堂々と席に戻ろう。

そうすれば、もはや誰もあなたの股間がもっこりしていたことなんか覚えていない（いや、覚えてるかぁ）。

09

胸元あきまくりの女性に「どこ見てるのよ！」と言われた！

夏、心も体も開放的になる季節。たとえ暑いのが苦手な人でも、男性にとっては女性が薄着になるので喜ばしいもの。特に、胸が大きい女性などは、ときおり「これ無料サービスでいいんですか!?」というくらい胸元も開いてバイーンとしているお姿をされていることもしばしば。そんな人に遭遇したらありがたくチラ見するのが男の礼儀というものだが、もしも本人に「どこ見てるのよ！」と注意されちゃったら……？

こうして乗り切れ!

露出の多い服を着ている女性は、口ではなんと言おうが見られたいのだ。「彼氏に見せるためだよ!」と怒る人もいるかもしれないが、そんなの知ったことではない!

「どこってお前のその最高の胸に決まってるだろこの脱法ドラッグが!」と、堂々とブチ切れながら女性の素晴らしい露出に感謝を捧げよう。少なくとも、周りに人があまりいなければ……! そう、この場合、満員電車の中など周囲に人がいる状態だと、逆ギレ気味に素直に認めてしまうと周囲の人から総攻撃を受けて面倒くさいことになってしまう可能性が高いので注意が必要。

その場合は、「どこって、なんのことですか? どこにも焦点を合わせないでぼんやりしてたんですけど……」などとすっとぼけるのが吉。悔しさは、タダでいいものを見せてもらったことと相殺するよりほかなし!

10

キャバ嬢とのLINEのやり取りを妻に見られた！

日曜日の昼下がり。キンキンに冷えたビールを楽しみにお風呂から上がったあなたを待っていたのは、あなたのスマホに見入り、キンキンに冷えたオーラを放つ妻の姿だった。「ちょっと座って。なにコレ？　説明してくれる？」イヤな汗がどっと噴き出す。脳みそをフル回転させて、昨日の終電でなじみのキャバ嬢とやりとりしたLINEの内容を必死に思い出す。「夜這いプレイ」とか「網タイツで」とか打った気がする。あなたにいったい何が言い返せるのか？

こうして乗り切れ！

孫子という人がうまいことを言っている。「敵を知り己を知れば百戦危うからず」と。まず妻が何に対して怒っているのかを分析し、対策を講じよう。

①自分に隠れて他の女とLINEをやっていた（怒！）
②しかもその内容があまりにも下らなかった（怒！）
③ひょっとしてこの女と付き合ってるんじゃないか（疑！）
④いつもこんなLINEをしているんじゃないか（疑！）

あなたにできるのは、妻の怒りが③④へと延焼するのを食い止めること。相手については、正直にキャバクラの女と申告すればよい。ただし年や容姿や性格についてはあいまいにしておく。妻に明確なイメージを持たせてはいけない。

そして〝つい魔がさしてLINEをやってしまった自分〟という線で押そう。どうでもいい相手だからこそふざけた内容になったこと、目の前にいる自分が本当の自分で、LINEの自分はつくりものであると訴えよう。1回だけなら許されるはずだ。

11

自宅に愛人を呼んでお楽しみ中 旅行中のはずの妻が突然帰宅！

ありえないシチュエーションでのいけない行為ほど興奮するものはない。妻が2泊3日の予定で高校の同級生と京都に出かけた朝。予定通りセフレを呼び出す。近所にばれないように宅配ピザ屋を装って彼女が現れる。玄関とバスルームで軽くいたずらした後、お待ちかねの寝室へ。ドンキで仕入れた電マを試していると、玄関から鍵を開ける音。妻が予定外の帰宅だ。あなたは腰にバスタオル1枚。この死地を脱する手立てはあるのか？

こうして乗り切れ！

あなたが妻をとるにしろ愛人をとるにしろ、浮気現場を押さえられる図というのは避けたい。否、絶対避けるべきだ。妻の留守中に、女がベッドに裸でいて、夫が腰蓑1枚、となれば状況証拠十分の浮気確定だが、幸いなことに挿入現場を見られたわけではない。ぎりぎりセーフ。まだなんとかなる。

人間は非日常的な光景を目にすると、まともな思考ができなくなる。まして や妻だって夫が浮気するなんて本当は信じたくないのだ。そこを突く。ここは一世一代の芝居を打とう。

「俺が入浴中に変態女が侵入してきたようだ。すぐに追い出すから安心しなさい」「おいそこの女、3分やるから出ていけ、さもないと警察を呼ぶぞ」

あなたもトラブルの被害者であり、妻と協力してこの難局を乗り切るというドラマを演じるのだ。

12

妻の誕生日を忘れた！

会社の同期から相談ごとがあるとの電話で、居酒屋で合流。大した話ではなかったが、カラオケまでつきあって帰宅したのは午前1時。ダイニングテーブルの上に、「ママへ」と書かれた小さな手紙。娘が書いたものだろう。開くと「おたんじょうびおめでとう」という可愛い文字。しまった。忘れていた。今日は早く帰ってきてお祝いする日だった。その時、寝室の扉の開く音が……。

こうして乗り切れ!

ここはなるべく酒臭さを感じさせないように顔を覆いつつ、「うわっショックー、1日間違えてたー。やっちまったー」とまずは自分を責めながらも、勘違いしただけであって、けっして忘れていなかったことをアピールする。

男は記念日というものを軽く見がちだ。誕生日は1年に1回しかない。女性は誕生日を忘れられると自分自身まで忘れられた気になるそうだ。特に既婚者の場合、「あなたが覚えてくれなくて他の誰が覚えてくれるのよ」ということらしい。これが何回も続くと、スマホや手帳に書き込むのにどんだけ労力がかかるのよ、と負のポイントが蓄積されていく。くれぐれも記念日には気を付けよう。

彼女の機嫌が和らいで来たら、「日付が変わっちゃったけど、お誕生日おめでとう。明日のお祝いは楽しみにしていて」ときつく抱きしめよう。もちろん、朝起きたら忘れていたなんてことのないように。

13

秘密にしていた借金が婚約者にばれた！

はじめて消費者金融に行ったとき、あまりにも簡単に借りられるので驚いた。限度額は給料2か月分だったが、すぐに使ってしまった。その頃つきあいだした彼女との食事やプレゼント、あとはほとんどギャンブルに費やし、2年間で立派な多重債務者になっていた。利息を返すために借りるのだから、借金が減るわけがない。借入残高は500万円。もう借りられるところはない。誰にも内緒にしていたのだが、婚約お試し同棲中の彼女にばれてしまった。返済催促のハガキを見られてしまったのだ。

こうして乗り切れ！

企業会計において最も肝心とされるのが「透明性」と「証拠主義」である。お金の出し入れについては、この2つが証明されないと、ツッコミが入る。逆にこの2つさえあれば、法外な役員報酬も銀座のクラブでの野放図な出費も許されるわけだ。反対に最も嫌われるのが「使途不明金」というやつで、これはいくら額が少なくても経理からネチネチとやられてしまう。

あなたの婚約者が考えるのは次の2つだろう。

①こんな大金、何に使ったのだろう。

②こんな浪費家と結婚して大丈夫だろうか。

あなたの借金は完全に「使途不明金」なのだが、それではまずい。彼女に納得してもらえて、証拠がなくても不審に思われない言い訳を考えよう。「お世話になった恩師の苦境を見かねて用立てた」がいいだろう。その上で、実現可能な返済計画を見せてあげよう。これなら、事細かに詮索されることもないだろう。また、人間性についても失望させることはない。ただ、この手が使えるのは1回きりということをお忘れなく。

14

浮気中に彼女が部屋に来た！

ある夜、遠距離恋愛中の彼女から突然の電話。「今、マンションの前。来ちゃった」。運の悪いことに、浮気相手が裸でベッドに横たわっている。とても彼女が訪れるまでに、服を着せて、外に追い出す時間はない。もしもこの部屋を見たら修羅場は確実だ。だからといって「外で会おう」と頑なに部屋に入れないのも浮気を疑われる（いや、浮気しているんだが）。彼女の抜き打ちチェック？　この絶体絶命の状況を切り抜ける言い訳とは？

こうして乗り切れ！

彼女がマンションのエレベーターで5階の部屋に到着するまで約3分。悩んでいる暇はない。あなたは決断する。浮気相手に事情を話し、布団の中に潜ってもらった後、あなたは本棚を勢いよく倒し、机もひっくり返す。クローゼットや押し入れも全開にして、中の物をぶちまけよう。部屋に物があふれ、足の踏み場もない。さらに台所に皿や食器、グラス、ペットボトルを散乱させておく。その時、玄関のベルが鳴る。あなたは神妙な面持ちで玄関のドアを開け、彼女に台所や部屋を見せる。驚く彼女にこう言おう。

「帰ってきたら泥棒が入っていたらしくてさ……この有様だよ」

あなたは深くため息をついた後、「とりあえず外で飲まないか」と誘えば、断る彼女はいないだろう。いや、優しい彼女なら「私も片づけを手伝ってあげる」と言ってくれるかも。ここは「君にそんなことはさせられないよ」と優しく肩を抱けばいい。

部屋は滅茶苦茶になったが、2人の絆はより深いものになったから、これで良かったのだ。

15

パソコンのエロ画像を彼女に見つかってしまった！

ネットで拾ったエロ画像。気がついたらパソコンに一杯で、収めたフォルダをいかに隠すか苦慮している人も多いだろう。もしも疑い深い彼女がいたら大変。女の勘で隠しフォルダが突き止められる可能性が高い。「なによ、これ!?」と、開かれたエロ画像の数々に、怒り心頭の彼女は「私の前でフォルダごと削除して！　ゴミ箱の中も全て！」と詰め寄る。しかしせっかく集めた貴重なエロ画像。あなたはどんな言い訳でピンチを乗り切る？

こうして乗り切れ！

彼女が怒っているのはあなたのスケベ心。「私がいながらエロ画像を集めるのが許せない」のだ。つまり削除を回避するには、彼女に〈これはスケベ心で集めたんじゃない〉と理解してもらえばいい。しかし「ごめん、仕事でどうしても必要でさ」と言っても、彼女は「あなた、普通の会社の経理課でしょ」と返されて終了だ。では、こう言ってみてはどうだろう。

「確かに俺はこれらの画像を趣味で集めた。でも目的はエロじゃないんだ。ほら、この写真、エッチをしている二人の背後の壁に〝人の顔〟のようなシミが見えないか」「……そういえば」

「こっちの野外エッチの写真も、木と木の間から〝叫ぶ顔〟のような影が見えるだろ。つまり、これらは全て心霊写真なんだ。ごめん、俺、怖いの好きだからさ、こっそり集めていた。エロ画像ばっかりなのはそういうシチュエーションの写真には、霊が映りやすいって聞いたからなんだ」

壁のシミや影はよく心霊写真と誤解されやすい。そう、どんな写真も、言われれば心霊写真に見えてしまうものなのだ。

16

週末のゴルフに行きすぎと文句を言われた！

妻からは「週末ぐらい家族サービスしてよ」と言われ、子供からも「遊園地に連れて行ってくれるって言ったじゃん」と責められながら、後ろ髪引かれる思いで、休日の朝、ゴルフバッグを抱えて家を出ていくお父さん。一昔前より減ったとはいえ、まだまだ家庭と仕事の板挟みになる人は多い。「ゴルフは言い訳で家族から逃げたいんじゃないの？」「本当は自分も楽しんでるんでしょ？」などとネチネチ嫌みを言う妻を黙らせる言い訳とは？

こうして乗り切れ！

週末、いつものように妻にとがめられたあなたは、いつになく神妙な面持ちで、重い口を開く。

「実は今まで黙っていたけど……ずっと前に会社をリストラされて……毎朝、会社へ行くふりをしてバイトをしていたんだ。週末もゴルフに行くと言ってバイトしていた。君を心配させたくなくて……今まで黙っていて、ごめん」

驚いた妻は「まあ、そうだったの!? ごめん、気付かなくて……」と謝り、夫婦の絆がいっそう深まる……というケースはほとんどなく、実際にそんなことを告白したら、妻はあ然として黙るものの、その日のうちに子供を連れて実家に帰ってしまうだろう。

別にゴルフが悪いのではなく、妻は日頃の不満の象徴として、休日のゴルフをやり玉に挙げているだけだ。夫にとっては軽いジョークのつもりでも、言ったら最後、夫の全てが信じられなくなるだろう。妻を一発で黙らせることはできても、ここはネチネチと嫌みを背中に浴びせられる方が幸せかもしれない。

17

彼女に浮気を疑われ、「今すぐ携帯を見せて」と迫られた！

彼氏が少しでも不審な態度や行動を取ると、すぐに〝女の直感〟と称して浮気を疑う女は少なくない。男が少しでも動揺したら、もう大変。鬼の形相で「今すぐこの場で携帯を見せて！」と迫る。「僕を信じてほしい（だから見せられない）」といくら訴えても、彼女が受け入れてくれることはまずない。そもそも疑惑の目で携帯の中身をチェックされるのは気持ちの良い話ではない。適当な言い訳で、彼女の追及を逃げ切る方法はあるのか。

こうして乗り切れ！

仮にあなたが本当に浮気しているのなら、とにかく「ごめん、今は見せられない」「理由は言えない」「とにかく愛している」などと理不尽なまでに拝み倒して謝り続けるしかない。それで彼女が根負けしてくれればいいが、

それでも彼女が引き下がらないのなら最後の手段だ。

「わかったよ…」と、あなたは渋々といった表情で、ポケットから携帯を取り出し、彼女に渡す。そしてＬＩＮＥやメールの履歴、保存した画像のデータなどを全て見せる。しかしそこに浮気の痕跡は一切なし。今度は彼女が「ごめんね」と平謝り。これで、あなたは２人の関係で優位に立ち、今後は多少の浮気も見逃してくれるはず。

え？　じゃあ、どうやって浮気の痕跡を消したかって？　そんなの簡単。こういう時に備えて、もう一台ダミーの携帯を持っていただけ。

浮気を楽しむのなら、これ位の投資は当然。でも、いきなりダミーの携帯を差し出しても、疑うはず。ひたすら見苦しい言い訳を繰り返してこそ、最後に見せるダミー携帯の説得力が増すのだ。

18

鼻毛が出ているのを指摘された！

気付かぬところで、相手は意外と自分を見ている。そう、顔を見た時、ほんの小さな違和感なのに気がつくと大変なのが〈鼻毛〉。バカボンのパパみたいにボーボーにのびていなくとも、鼻の穴から1本か2本、太い毛がひょいと飛び出ているのは、かなり間抜けだ。いくらカッコよく決めても、異性から「鼻毛出てるよ」と指摘されたらハイ終了。でもそんな絶体絶命のピンチも、適当な言い訳でうまくかわすことはできないだろうか。

こうして乗り切れ！

デートの時、彼女から鼻毛を指摘されても動揺してはいけない。相手だって、言うか言わないか悩んだ末の苦渋の決断だろう。恥をかかせてしまったことをわびる意味でも、ここは「ごめんね。気がつかなくて」と照れ笑いしよう。問題はその後だ。その場で鼻毛を引っこ抜くなんて、デリカシーのないことはNGだ。いきなりトイレに駆け込むのもカッコ悪い。まずは、悩みながらも指摘してくれた彼女を優しく抱きしめて、こう告白しよう。

「ありがとう。鼻毛って体温が上昇すると、ぐんって伸びると聞いたことがある。たぶん君と一緒にいてドキドキが止まらなくて、体温が上昇したんだ」

あなたの体温が感じられるほど顔を近づければ、そのまま唇を重ねることも難しくない。もちろんどんなイケメンでも鼻毛が出ていれば、相手は確実に吹き出してしまい、ムードはぶち壊しだ。それでも鼻毛のおかげで、２人の距離が確実に縮まるのなら、邪魔な鼻毛すら愛おしく思えてくるはずだ。

19

好きな娘のリコーダーを吹いたことがバレた！

小学生の頃の甘酸っぱい思い出アイテムといえば〈好きな女の子のリコーダー〉だろう。〝吹いてみたい〟と思ったことは男子なら一度はあるはず。しかし実際に吹いちゃった人は少数だろうし、ましてその現場を目撃されたら、もはや地獄だろう。女子からヘンタイとさんざん責められ、男子や先生からも白い目で見られ、その日からあだなは〈リコーダー〉となり、同窓会にも顔を出せないはずだ。形勢を逆転できるような言い訳は無理？

こうして乗り切れ！

あなたが好きな女の子のリコーダーをこっそり吹いている現場を目撃されたとしよう。好きな女の子を含めた、女子のグループにもの凄い剣幕で取り囲まれ、問い詰められるあなただが、うろたえてはいけない。

あくまでクールに「ごめん……理由があるんだ」とだけ言おう。

そして再び、好きな女の子のリコーダーをあえて口に含む。周囲が騒然となる中、あなたはこの時のために練習していた楽曲（例えば、難易度の高い、ヴィヴァルディのリコーダー交響曲など）を、クラスの誰よりもうまく華麗に演奏しよう。

周囲があ然として、その見事な演奏に聴き入る中、あなたはふいに吹くのをやめて、リコーダーを女の子に返す。そして「君のリコーダーじゃないと、この音色がどうしても出せないんだ。悪かった」と頭を下げ、教室を去ろう。

かっこいい。実にかっこいい。これは孤高のイケメンにのみ許される話だが、あなたがリコーダーを華麗に吹く姿が決まれば、決して妄想では終わらないはずだ。

20

学歴差カップルで高学歴の方が責められた！

学歴差カップルにありがちなのが、何かしら問題が起きたときに、学歴のせいにされてしまうこと。例えば、大卒の彼女と高卒の彼氏で彼氏が漢字を読み間違えてしまったときに、彼女が間違いを指摘すると、「所詮俺は高卒ですから」と妙に卑屈になってしまう。あるいは「ちょっと学歴が高いからってそんな偉そうなこと言って」と責められる。この場合、往々にして学歴が低い方が高い方に難癖をつける。こんな時に、あなたならどう言う!?

こうして乗り切れ！

もしあなたが女性で彼氏が年下なら、「もうしょうがないわね、これはこうやって読むのよ」という感じで、お姉さん風に優しく教えてあげるのもいいかもしれない。

要は、男性は愛するあなたにかっこいい、いいとこを見せたいと思っているもの。そんな彼があなたの前で失敗してしまったら、相手をおもいっきりなだめて、もちあげてほしい。「〇〇くんってこういうところすごいじゃない！」といい所を素直に褒めてあげよう。「私がもってないところをもってるから素敵よ」とか言ってあげると最高だ。もはやノリとしてはペットの犬を可愛がってテンションあげさせるのと同じ！

また、男性の方が女性より学歴が高い場合は女性のほうが学歴が高い場合ほど問題にはならないが、やはり女性側が気にしている場合がある。その場合もなるべく、相手のいいところを褒めてあげて、「〇〇ちゃんのこういうところが好きだよ」と、学歴関係ねーオーラで包んであげるのがベスト！

第2章

仕事・学校での
ピンチを
乗り切る

21

大人なのに会社の合宿でおねしょをしてしまった!

入社10年目、いよいよ俺もリーダー研修を受けるまでになった。仲間やライバルと一泊二日の合宿。昼間は全員で勉強、夜は懇親会、さらに絆を深めるために、「今日はみんなで雑魚寝しようぜ!」と眠りについたところ……。「あれ、なんか寒いな」と朝早く目が覚めると、布団に世界地図を描いていた! さあ、どうしよう。

こうして乗り切れ!

まだ皆が寝静まっているようなら、さっさと片付けて身支度を整え、「おい、お前ら、何モタモタしてんだ! 早く起きろ!」と、俺についてこい的なリーダー然として振る舞うのも手。しかし、誰かがすでに起きているようなら、他の手を考えなければならない。

リーダーシップには弱みを一切見せず、ぐいぐい引っ張るタイプや、面倒見がよく部下のやる気を引き出すタイプなどさまざまなタイプがある。あなたはひょっとすると「ちょっと頼りないけど、誠実で真面目だし、私が支えないといけない!」というタイプのリーダーになれるのかもしれない。

「緊張しちゃったのか、何十年振りにおねしょしちゃいました!」

「恥ずかしいなあ。ちょっとシーツと股間を洗いにいってきます!」

「大丈夫ですか? 変な臭いとかしません?」

現状をしっかり認めたうえで、自分よりも人への気配りを優先してみよう。おねしょの失態以上に、器の大きささえ感じさせる対応で、株も上がる!

22

陰口をたたいているのをその相手に聞かれてしまった！

会社の喫煙所で、「○○部長って仕事できなくね？」「だよな、あいつ上にペコペコするだけが才能だよな」なんて陰口をたたいていたところ、背後に顔を真っ赤にし怒り心頭の様子の○○部長が立っていた。あれ、部長、タバコやめたって言ってなかったっけ？　なんでいるの？　絶対聞かれた！　頭が混乱するそのとき、どうすればいい？

こうして乗り切れ！

あわてて「すみません。部長！」というと内容を認めたことになるので、あくまで冷静に対応を。そして大げさな演技と漫才で難局を乗り越えよう。

「いやあ、新規の取引先の担当部長、偶然、○○部長と同じ名字で。いま同じ名字なのにぜんっぜん違うよなー」って、こいつと話してたんですよ。「な、そうだろ？」同じく陰口をしていた同僚も共犯なので、「そうだな。そうそう」と相づちを打つに違いない。

「でも、そういや、○○って名字でも漢字が違うもんな。漢字違うとこうも違うかっつーの」「そうだな。そうそう」「漢字つうか、やっぱ育ちが違うんだろうな。てか、社風？、部の空気？　部風？」「そうだな。そうそう」「俺はほんとこの会社で良かったし、○○部長の下で良かったスよ、な？」「そうだな。そうそう」

「じゃ、お客さんとこに営業いってきますー！」

23

会議で居眠りがバレた！

少人数の会議だと意見も求められるし、見られている感があるので、睡魔に襲われることもあまりないが、大人数の会議や、誰かひとりがつまらない意見を延々と述べたりする会議だと、とたんに睡魔が襲ってくるものです。「また言ってるよ。長いなあ。眠いなあ……zzz」。ウトウトしてたら会議のまとめ役に、居眠りが見つかってしまった。「おい、お前何寝てんだよ！」寝ぼけながらも、どう切り返すか？

こうして乗り切れ！

「すみません！　昨日徹夜で資料つくってたもので」

これは、よくある答え。これをちょっと工夫すると、

「すみません！　3日前に急遽プレゼンの案件が舞い込んで、48時間寝ていないもので」

ここで大切なのは3日前、48時間と、数字を入れて言い訳すること。

とかくデキるビジネスマンほど、数字を意識している。おそらく会議のまとめ役にもなるような人、そこそこ仕事ができる人と想像します。さらに、

「すみません！　このプレゼン結果はあらためて皆さんに報告します。あ、あと会議の後で○○さんに相談したいことあるんですがお時間もらえますか？」

と言えれば完璧。名指しで頼られた○○さんは、「今日の会議はもういいよ。ちょっと仮眠でもしてな」と優しい声すらかけてくれるかもしれない。

ビジネスで大切なのは、数字と報連相。これで退屈な会議から抜け出せる。

24

転職情報を誤って全社メールで送ってしまった！

何夜も泊まって仕事をするも一向に業績が回復しない会社。「うちの会社もうだめだ、さっさと泥舟から脱出だ！」という雰囲気が漂う社内では、従業員同士の転職情報の交換が盛んです。「ここ、お前に向いてね？」疲れてもうろうとしていたのか、そんな情報を総務から届いた「会議室予約システム変更の件」などに、「Re:?」で送っちゃったときの言い訳。深夜、社内に残っていた全員が一斉に振り返り、あなたを見つめる。

こうして乗り切れ！

このケース、「〇〇くんへ」と宛名を書いてしまったら、その人にも被害が飛び火するのでアウトだが、単に返信する形で「お前に向いているところあるよー」というのなら、誰か特定されないのであとは自身の対応次第（内容や日頃の人間関係で誰に送ったかはだいたい予想できるが……）。

今回の誤送信に限らず、ヤバいときこそ、すぐに対応。時間が経てば経つほど事は深刻になる。すぐ、「Re：Re：」でメールしよう。

「大変失礼いたしました。仕事で大変悩む友人にアドバイスするつもりが、全社の方にお送りしてしまいました。大変申し訳ございませんでした。以後、大変気をつけますので、何卒大変よろしくお願いいたします」

大変がたくさん出てきて、文章的には大変おかしなことになっているが、本当に大変なミスを犯したこともあり、暗に俺たちも大変なんだぞと伝える意味でも、「大変」さをアピールしてみよう。

25

仕事の予定をドタキャンしたい!

ドタキャン……それは人として最低の行い。おまけに、私用ならまだしも、大切な仕事でそうしなければいけないことがあったら……。でも、何十年か生きていれば、そんなことも2、3度はあるもの。どうにか言い訳力で逃げ切りたいところ……!

こうして乗り切れ！

仕事の用事をドタキャンするとき、一番大切なのは相手の性格の見極め。下手な言い訳をされるのが大嫌いな人は結構多いもの。そういう人には、正直に理由を説明することが、実は最高の言い訳だったりする。

しかし、そうでない場合や、ドタキャンの理由がどうしようもないものである場合は、もうとにかくでっかい嘘をつくしかない！　ちなみに定番の「親戚殺し」は足がつきやすいので止めておこう。重要なのは、ドタキャンが確定した時点ですぐに連絡をしないこと。少なくともその用事の2、3時間後まで待って、

「すみません、いきなり気絶してしまって倒れちゃったようでして……」

と連絡しよう。そしておもむろに地面に倒れ込んで、頭に大きなたんこぶをつくるのだ……！

26

宿題をやってくるのを忘れた！

普段はきちんと宿題をしていくのに、なぜか今日に限ってひとつだけするのを忘れてしまった。「体調が悪くて」とか「親戚に不幸があって」というのはよくある言い訳だが、事実を確認されてしまったら、すぐにバレてしまうためリスクが高い。そこで、思い切って次のように言ってみよう！

こうして乗り切れ！

先生「おい、宿題はどうした？　お前だけ出てないぞ」

あなた「宿題はきちんとやってきたんですよ。でも、話すと長くなるんですけど……最新の物理学や量子力学の知見によると、この世界は三次元と四次元が薄紙を貼り合わせたように隣り合わせに成り立っていて、お互いに相互干渉しているみたいなんです。

実は昨日、四次元の世界へ行ってきて、そっちではすでに宿題は終わっていたんです。それで、今朝三次元の世界に戻ってきて登校して宿題を見てみたらなぜかまだできてなくて……どうやら四次元の世界での事象が三次元のこちらの世界に反映されるには数日ほどのタイムラグがあるみたいですね。だから、その影響がこちらに出てくるまであと数日だけ待って下さい！」

と言って、数日のうちに宿題を終わらせて、数日後。「先生、宿題もってきました。ようやく四次元の事象が三次元のこちらの世界に反映されたみたいで、宿題が終わりました」と言って事なきを得ることができる。

ポイントは、事実に少しだけ嘘をまぜて言い訳をするということ。

27

大事な会議に遅刻した！

今日は取締役本部長も顔を見せる営業報告会だ。この春、主任に昇格したあなたには、営業経費の対前年比を報告するという大事なのかそうでないのか微妙な役割が課せられている。そんな大事な日に限って寝坊だ。緊張してたのか4時ぐらいに一度目が覚めてしまい、2度寝したのが間違いだった。どんなに急いでも30分は遅れる。とりあえず課長に遅れる旨のメールを打たなければならないが、なんてメールを送ればいいのか？

こうして乗り切れ！

言い訳にはいろんなパターンがある。覚えておこう。

・体調が悪いので遅刻します……熱が出たとか歯が痛いとか、一番よくあるパターンだが、ずっと痛いふりをしなければならないし、病院で証明書貰って来いと言われかねないし、そもそも体調管理もできない奴と思われる危険性がある。

・家でトラブルがあったので遅刻します……隣が火事になったとか、天井から水漏れしてるとか……。「本当だったらもっと早く連絡しているはず」と疑われる。

・交通機関が遅れたので遅刻します……交通情報はネットでも見れるので嘘がばれやすい。

結局どれもいまいちだ。

時間に間に合うように向かっていたが、途中のアクシデントで遅れてしまったという線が一番正しい。「乗ってたタクシーがバイクと接触しまして……他のタクシーに乗り換えたところです」ぐらいが妥当だろう。

28

領収書の金額が予想以上に高額だった！

先日、お得意さんを接待したときのことだ。「すしざんまい」経由格安バニークラブという黄金パターンを考えていたら、先方は知り合いのスナックがあるのでいかがですかという提案。散々飲んで歌って、ボトルを2本空けたところでお開き。お得意さんがトイレに立ったところでママにお勘定を頼んだら、プチボッタクリ的なお値段。領収書は4人で2ケタ万円台だ。どうやって経費で落とそうか。

こうして乗り切れ！

交際費の基準ってあるのだろうか。税務処理的な観点から言うと、1人当たりの額が1万円を超えると接待費扱いになり、それ以下の会議費とは違い税金がかかってくる。

そのあたりが基準となるのだろうが、かといって、当然超える場合も出てくる。その場合、金額は動かせないのだから、人数をごまかすしかない。10万円使ったなら10人に、15万円使ったら15人にすればいいだけの話だ。たとえそこが6人でいっぱいになるスナックだったとしても。

まずお店には、領収書の日付を変えて2枚出してもらう。その上で会社には、こう説明しよう、得意先の接待に行った店で、他の得意先とかち合い、どうしてもやむなく両方支払いました……と。

29

さぼっていたらパチンコ屋で上司と遭遇した！

次の営業先のアポまで2時間弱。会社に戻るには中途半端な時間だ。あなたは駅前のパチンコ屋に吸い込まれるように入って、台を物色。1時間ほど格闘したところで絵柄が3つ並ぶ。しかも確変。脳内麻薬が分泌するのがわかる。これだからギャンブルはやめられない。ふと視線を感じて振り向くと、そこには上司が立っていた。

こうして乗り切れ！

仕事に息抜きは必要だが、実はパチンコは息抜きには向かない。むしろストレスを増すだけである。

パチンコ屋にいる人は間違いなくギャンブル依存症である。適度に遊んで切り上げるなんてことはできないはずだ。あなたも、そして上司も。

依存症の人間は、ほかにも依存症の人間がいるとホッとする。郷に入れば郷に従おう。ここは上司と部下ではなく、同じパチンコ愛好者として屈託なく台情報を交換しよう。

「この台、俺が終わったら打ってください。だいぶ回してますから、すぐにあたりを引くはずですよ」と。

上司もあなたがなぜパチンコ屋にいるかなんてことより、自分がいかに確変を引くかで頭がいっぱいのはずだ。

30

社内で二股かけているのがバレてしまった！

仕事にアグレッシブで上昇志向の強い男よりも、社内の女性の癒し的存在になる方がモテるのかもしれない。総務部に配属されたあなたは、得意の料理の腕を活かして、お弁当を作ったり、自宅で焼いたお菓子を配っているうちに、広報のミキとできてしまい、営業のサトミとも付き合うようになった。２股がバレたのは、作っていったお弁当を２人にあべこべに渡してしまったため。桜デンブで描いたハートマークがアダになったのだ。

こうして乗り切れ！

いつの世でもマメな奴はモテる。なにしろ女性との接点を積極的に作っているのだから、成功率も高いのだ。そのあたりを非モテの男子は理解していない。

さてこの場合だが、深刻に悩む必要はない。なにしろ相手だって、付き合っているのはあなた1人と限った話ではないからだ。もしかしたら、あなたの方が、物珍しさからつまみ食いされているのかもしれない。

どうせなら、「実は僕がお弁当を作ってあげてる女子が社内に5人いるんだよ」ぐらい言ってみよう。2股どころか5股かけていた最低な男という情報を他の女子にも積極的にアナウンスするのだ。「コイツどんだけモテるんだよ」と興味本位であなたをつまみ食いしてくれる女子が接近してくるに違いない。

31

重要なクライアントの名前が出てこない！

ハードなネゴシエーションももう一息。最終的な契約の条件を詰める打ち合わせの席で、あなたはさっきから何か落ち着かない。それもそのはず、重要な席ということでわざわざ出てきた相手側の担当者の上司の名前が思い出せない。3か月前に名刺を交換したのは覚えているのだが、名前どころか役職名もあやふやで、部長だったか部長代理だったか部長代理補佐だったか……。まさか「何さんでしたっけ？」なんて聞くわけにもいかず……。

こうして乗り切れ！

名前は大事である。よくセールストークの手法で、相手の名前を織り交ぜるというのがある。

「前田さま、先日は洗顔クリームをお買い上げいただきましてありがとうございました。このたび新たに化粧水を開発しましたので、ぜひ前田さまにお使いいただきたく、試供品を送らせていただきます」なんてふうに、「お客さま」ではなく名前で呼びかけることで、特別なお客様感を演出するのだ。

とにかく、名前や役職は間違えないに越したことはない。

「先日お送りしたメールが返ってきてしまったのですが、もう一度確認させていただいてよろしいでしょうか。あ、名刺が若干変わりましたのであらためて交換させてください」

これなら名前を忘れたことを悟られることはないだろう。

32

酒席で上司のズラを取ってしまった!

酒の席での無礼講はつきもの。日頃は上下関係がうるさい間柄でも、酒が進めばいつになく打ち解けてしまう。そこで酔った勢いで上司に絡むうちに、日頃の不満がついつい爆発して、社内で公然の秘密だった上司のカツラをつかんで取ってしまった! すると大いに盛り上がっていた場が水を打ったようにピタリと静まってしまった。これはまずい……。さっきまで笑っていた上司もハゲ面の顔は怒りで真っ赤だ。さあ、どうする?

こうして乗り切れ！

下手な言い訳は身を滅ぼす。ここはさらに飲みまくり、泥酔を装いながら策を練ろう。どうせ、今までも社内で公然の秘密だったカツラだ。本気でハゲを隠すのなら、もっとリアルな植毛を選んでいるはず。今時、カツラをしている人はどこかで突っ込んでくれるのを待っている節がある。ダチョウ倶楽部の「押すなよ！」ではないが、あえてカツラを取ってあげて正解だったのだ。しかし思いの外、周囲がドン引き引きしてしまい、上司もどうしていいのかわからず怒っている。

だったら、あなたは泥酔者を装って、カツラの取れた上司をもっといじって笑いに変えてあげればいいのだ。酒の席で中途半端はいけない。例えば、「す、すいません」とカツラを上司の頭に戻して、「なんちゃって～」ともう一度はずしたりとか、はげた頭を何度も叩いたり、マジックで落書きしたりとか、とにかく受けるまでやってみよう。

33

商品に虫が入っていたとクレームが来た！

ある日、あなたが製造販売している加工食品に「虫が入っていた！」とクレームが来た。電話の主は「工場を止めろ」「損害賠償を払え」ともの凄い剣幕だ。あなたは商品の状態を聞こうとするが、相手は怒ってわめき立てるだけ。「まず商品を送ってもらえませんか」とお願いしても、「おまえらがカスだからこうなるんだ」と言いたい放題で、暴言はエスカレートするばかり。悪質なクレーマーだが、相手を納得させる言い訳はないだろうか。

こうして乗り切れ！

いくらクレーマーでもお客様はお客様だ。理不尽な言葉にも感謝を忘れず、丁寧に誠意を込めて応対しよう。

「この度は、弊社の加工食品に虫が混入したとのことで、お客様に不快な思いをさせてしまって、大変申し訳ありませんでした。日頃から製造には細心の注意を払っていたのですが、何重ものチェックをかいくぐって虫が混入し、従業員一同、心からお詫びを申し上げます。

お客様は『虫が混入するとは、工場は大丈夫なのか？』と思うかもしれませんが、ご心配いりません。製造工場内では、虫はあちこちで見かけますし、作業員もホームレス同然で、いつもぼさぼさの髪の毛をかいたり、鼻くそをほじったり、股間をいじりながら作業をしていますし、工場内の清掃も年に一回あるかないかで、きつい異臭が漂っていますが、商品には異物が混入しないよう、入念に確認しております。どうせ熱殺菌しますので、食べても問題ありません。

お客様のためにも、二度と虫が入らないように、さらなる厳重なチェックを徹底致しますので、今後とも弊社の商品をよろしくお願いいたします」

34

納品が期限に間に合わない！

約束した期日に納品が間に合わない！　仕事をしていれば、そんな経験は誰でもあるはず。相手は執拗に電話やメールをしてくる。遅れた理由はいろいろある。自分だけが悪いんじゃない。だがそれを正直に話しても、相手は納得しないだろう。「親が危篤で……」など家庭の事情をでっち上げても、日本の社会では何よりもビジネスが優先。「それはそちらの事情であって」と取り合ってくれない。絶体絶命のピンチを乗り切る妙案はないか？

こうして乗り切れ！

もはや、なすすべもなく、素直に土下座して謝るしかないのか。しかし、そんなことをしても状況が好転するわけじゃない。

例えば「一休さん」は、毎回ピンチを〈とんち〉だけで切り抜けている。言葉のやりとりだけで相手にギャフンと言わせる一休さん。そんな一休さんの口ぐせといえば「あわてない、あわてない、一休み一休み」だ。そう、急かされている時こそ「一休み」だ。

あなたは「このままでは間に合いませんが、あえて一休みして考えます」と言えばいい。相手は怒り狂うだろうが、「気にしない、気にしない」。

期日が間に合わない時は、大抵ストレスがたまり、睡眠不足だ。少しの時間でも眠れば、頭がリセットされて、妙案が浮かぶ確率が高くなる。どのみち怒られるのだから、遅れた分、さらにレベルの高い商品を納品したり、相手を納得させるアイデアを提示できれば、マイナス・イメージは帳消しされるだろう。

へたな言い訳よりも「一休み」である。

35

停車位置をミスした運転手の代わりに言い訳してみた！

電車に乗っていると、たまに運転手が停車位置を間違えて、少し戻ることがある。まあ、車両の種類や各駅、快速、特急なんかによっても停車位置は異なるだろうし、人間だから時には勘違いやミスをすることだってあるとは思うが、あれは当事者の運転手にとってはなかなか恥ずかしいに違いない。この恥ずかしさを少しでも和らげるには、一体どのような言い訳をするのがベストだろう。勝手に考えてみた。

こうして乗り切れ！

この事例では、マジックの基本である「注意をそらす」行為を応用しよう。左手に注目を集めさせておいて、実は右手でトリックを仕込んでいたりするあれだ。「停車位置を間違えて少し戻る」という本質的行為はいわば右手。そこから注意をそらし、「左手」に注目させる。では何を「左手」にすれば良いのか。それはずばり「車内放送」。たいていの乗客は停車位置を間違えた時点ではなく、少し戻る前の車内放送及びその後の電車のバックでミスに気が付く。なので、停車位置を間違えた後、バックの動作と同時に車内放送をONにし、なるべく大きな声でこう呟こう。「あー、明日はいよいよ大好きな○○ちゃんにプロポーズだなぁ、超緊張するなあ。あれ？　あ！　やばい車内放送入ってるじゃん……」。なぜか車内放送ONになってて独り言聞かれちゃったよアピールが肝心。車内放送の恥ずかしくも微笑ましい内容に釘付けの乗客達は、停車位置間違いのことなどは二の次になっているはずだ。

36

道を知らないタクシー運転手の代わりに言い訳してみた！

終電に乗り遅れ、寒い財布の中身を覗きこんでから泣く泣く拾ったタクシーで、「道がわかりません」と言われたら……。イラっとするだろう。おまけにそういう運転手って、大抵「ナビを使っていい」と言うとメーターを回した状態で入力するという。本当に勘弁してほしいところ。しかし、こんな時代だから、明日は我が身かもしれない。自分がタクシー運転手になったら、どのように言い訳すればいいものか……。

こうして乗り切れ！

タクシー運転手の基本的な営業スタイルには、街中を運転しながら手を上げる客を探す「流し」と、タクシー乗り場に並んで客を待つ「付け待ち」の2種類がある。これ、初心者はつい難易度が低そうで付け待ちをしてしまいそう。でも、タクシー乗り場を使う人は、日常的にタクシーを使っていて、運転手は近隣の道に詳しくて当たり前だと思っていることが多いもの。なので、道を知らないと面倒なことになりがちだ。

だから、道に不安があるときは、付け待ちをしないで流しで客を探すべきなのだ。その上で怖そうな客に遭遇したら、先に言う！

「お客様を近所まで送って、日頃のエリアに戻る途中で道にあまり詳しくないのです。申し訳ありません。ナビを入力させていただいてよろしいですか？」

最初にそう断って、すぐにナビに入力。そうしてからメーターを入れれば、少なくともキレられるようなことはないはずだ！

37

カンニングがバレた！

カンニングはテストの歴史と同じくらい古いもの。そこには言わば、先人の知恵（？）が詰まっている。古今東西を問わず広く行われてきたカンニングだが、運悪くテストでカンニングしていることがバレてしまったときに、堂々と言い訳ができる者のみに許された行為なのだ。さぁ、カンニングがバレたとき、まことの勇者であるあなたはどう言い訳をする!?

こうして乗り切れ！

「カンニンして下さい、カンニングしてません！」と言えば笑いはとれるかもしれないが、恐らく言い訳にならないだろう。そこで、こう言おう。

「僕は他の人の答案用紙なんてみてないです。ただ、真剣に考えてる○○ちゃんの横顔に見とれていただけなんです。それをカンニングだなんて決めてかかるのはやめて下さい。罪があるとしたら、僕を魅了させた○○ちゃんの横顔です。僕は決して、見てません」と決してカンニングをしていたと認めないことが重要だ。

これは痴漢と同じで、痴漢をしたと認めたらあとは逃げる術がなく、おとなしく法の裁きをうけるしかないのと同じで、一度カンニングと認めてしまえば、あとはペナルティー（受験資格の取り消しや、成績評価等）を受けるしかなくなってしまう。これが、カンニングがシラを切り通すだけの度胸と根性を兼ね備えた勇者のみに許されるゆえんなのだ。

38

モノを壊してしまった！

学校の掃除の時間にほうきを振り回して窓ガラスや蛍光灯を壊してしまう。なんてことはよくあると思う。つい調子にのってほうきを振り回して、ジェダイの騎士ごっこをしているとライトセーバーが窓ガラスにクリーンヒット、「パリーン」と無常にも砕け落ちてしまった。掃除の後、窓ガラスが割れていることが発覚し、先生に詰め寄られた。さぁ、どう言い訳しよう!?

こうして乗り切れ！

「マスター、まだパダワン（見習いのジェダイ）の僕の攻撃があたったくらいで割れる窓ガラスなんて危ないですから全部取り替えたほうがいいですよ。地震がきたら窓ガラスは凶器と化してみんなが怪我をする可能性もありますし」とあくまでも皆の安全を最優先に考えているという、いかにも自己犠牲の精神をもったジェダイらしい態度をもって臨めば、先生もわかってくれるはずです（スターウォーズを知っていればだが……）。

May the force be with you!

39

ズル休みしたい！

誰しもが一度は経験したに違いないズル休み。部活、習い事、学校、仕事、アルバイトなど休みたい対象は様々。それも、うっかり寝坊したからもう行きたくない、好きなアイドルのコンサートがあるから、今日は金曜日だし連休にしたい、あるいはデートの約束が入ったからサボってしまいたいなど、休みたい理由は千差万別だが、とにかくズル休みをしたいことには違いない。さぁ、そこであなたならどう言い訳する？

こうして乗り切れ！

（a）葬祭系の言い訳：「親戚のおじさんが亡くなり、今夜がお通夜で明日がお葬式なんです」と、急なことでバタバタしてる感じを出しながら言えれば最高。しかも、遠隔地に住んでいるおじということにすれば、お通夜とお葬式と2日間休める可能性も出てくる。

（b）仮病系の言い訳：「今朝から下痢がすごくて、トイレから出れないんです。今もトイレから携帯でかけていて」と辛そうに演技をしながら言えば、「そうか、わかった。今日は1日よく休んでくれ」とあっさりOKが出るだろう。そんな状態で出社されても、しょっちゅうトイレに走らなければならないだろうし、万が一オフィスで漏らされでもしたらある意味で大損失になるからだ！　しかも、下痢という継続性の薄い症状なので普通は1日で治るし、医師の診断書が必要なんてこともないので、最も手軽に使える言い訳だ。

40

エロ動画を誤って授業中に流してしまった！

最近は中学校の教師や大学の教授などが授業中に誤ってエロ動画を映してしまう事件がおきている。原因はパソコンにエロ動画を保存していて、動画プレーヤーの履歴機能で最後に再生したファイルが自動で再生されるなどですが、これは例えば、大学生だとゼミの発表など、社会人だと会社のプレゼンなどいろいろな場面で起こりうること。さぁ、こんなときの言い訳どうする!?

こうして乗り切れ！

これは、実際にエロ動画を流してしまっているので、もはや言い逃れはできない。そこで、エロ動画を流してしまったことを逆手にとり、「お、すまんすまん。次の時間に流す予定だった性教育のビデオだった」と、あくまでも教育の一環としてのエロ動画であり、個人的な嗜好ではないことを前面に押し出そう。そうすれば、純真な生徒たちはきっと納得するはずだ。

あるいは、使用していたのが私物のパソコンではない場合は「どうやらこの共用パソコン、ウィルスに感染してしまっているようですね。別のパソコンを使いますね」と言うことで、自分の責任ではなく、前に共用パソコンを使った人のせいだと暗にほのめかすことができる。

41

テストの点が悪かった！

学校のテストでたまたま悪い点数を取ってしまったあなた。新作のオンラインゲームにはまって、全く勉強しなかったのが原因だったのだが、それを素直に言ってしまうとゲームを禁止にされかねない状況。さぁ、こんなときどうする!?

こうして乗り切れ！

（a）努力はちゃんとしたよアピール：「間違えて中間試験の時の範囲を勉強してしまって、勉強したところが全く試験に出なかった」あるいは、「山田に試験範囲聞いたら全部間違っててさ、合ってたら100点取る自信あったのに」と言って、さらにこう続けましょう。「次の試験で挽回するから見ててね」とやる気があるところを見せて親を味方につけるのだ。

（b）今後に焦点を絞らせる：「こんな限定された知識問題の試験なんて意味がないよ。僕の知識をこんなもので測ろうとするなんて現代の学校教育は、なんて浅はかなんだ！」と自分が現代教育の枠におさまらない優れた人物であることをアピールしてみよう。

あるいは、「点数が悪くてもめげずに、一生懸命に生きる方が勉強だ！」と学校教育よりももっと大事なことがあることを伝えてみよう。きっとあなたの姿に親も感銘をうけることだろう。

いずれにしろ、大事なのは点数に一喜一憂せずに、長い目で僕の成長を見守ってよという雰囲気を醸し出すことだ。

第3章

いつ巻き込まれるかわからない難局を乗り切る

42

「ありのままでいい」と思っているアナ雪馬鹿へはこう言う！

日本中に旋風を巻き起こしたディズニー映画『アナと雪の女王』。それにともなって、主題歌「Ｌｅｔ ｉｔ Ｇｏ」とサビ頭の「ありのままの～」という歌詞が広がっていった。しかし、あの映画と主題歌の内容は素晴らしいものだと思うが、あんまりありのままと連呼されるとイラッと来る人も多いはず。おまけにそれを実生活に持ち込まれた日には……。意地でも言い返してやろう。

こうして乗り切れ！

「ありのまま問題」の厄介さは、それが正しくもあるところ。ありのままでいるべきこと、ありのままでいることで事態が好転することも確かによくある。

しかし、英語で〝Let it go〟というと、苦しい状態にある人に、それを忘れる強さを身につけようと呼びかける言葉だそう。ただ忘れるのではなく、苦しいことがあるのは大前提、だけどそれを乗り越えていこうと呼びかける——、「ありのまま」もいい歌詞だけど、結構違うじゃん！　という。

そこで、

「ありのままも悪くはないけど、原曲の元々の歌詞の意味も知ってるよね？」と言ってやれば、知らない人ならその場で詰む。知っている上で言ってくる人には、「我慢はこれがないと進めない重要な要素」というイチローの名言などで相殺してやろう。正直ディズニーの他の話で相殺できれば最高なのだが、大体ありのままで素直にいくと成功するんだよなあの人たち……。

43

「iPhoneばっかで個性なくね?」って言われた!

新しい機種が出るたびに不満に思うところが少々あっても、やっぱりスマホとしての品質は図抜けている感があるiPhone。そうなると、サムスンやソニーもイマイチ元気がなく、ドコモでもauでも使えるようになっている現状では、iPhoneユーザーばっかりになるのも無理もないところ。しかしそういうときに、斜に構えた物言いをしたがる輩、いますよねえ。いいカウンターを入れて一発で黙らせてやりましょう!

こうして乗り切れ！

そもそも個性なんてものを気にする人間は〝個性コンプレックス〟にまみれていると断定してしまってよいだろう。

そして、自分に個性がないことに悩んでいるので、せめて携帯電話で違いをつくろうとしているわけだ。そんなヤツには、

「たかがスマホで個性だなんだウダウダ言ってるんじゃねえよ、この無個性野郎！」

と言い返してやろう。「iPhone6を使っているタモリ」と「ガラケーを使っているグラサンのおじさん」なら、実際にタモさんが何ユーザーかはさておき、どう考えても前者のほうが個性のある人だろう。

そういえば、森山未來は『笑っていいとも！』に出演したとき、スマホどころか携帯そのものを持っていないと言っていた。いまはどうなのかはわからないが、本物の個性を持っている人なら、携帯なんかなくても人との繋がりは保たれるものなのだろう。

44

電車内でゲロを吐いてしまった！

各停に乗っときゃよかった……、あわてて快速に乗ったから電車はあと数駅停まらない……。「まだかまだか。オウェー！」このようになんとかホームで吐きたい人が（それも困りものだが）、我慢できずにリバースしてしまうため、電車内のゲロはドア付近で見かけることが多いのだろう。その日食べて飲んだものが胃の中でミックスされて公衆の面前に飛び出してしまった。そんなときの言い訳。

こうして乗り切れ！

自分の不甲斐なさ、私も極限まで我慢したんです……という、忸怩たる思いを声にしてみよう。「あと、一駅だったのにー！」一度でも電車リバースを経験した人であれば、拒否反応どころか同情さえ覚えてくれるはず。

で、次に泣く。こういうときは大抵お酒も入っているので、大声を出せば感は極まりやすく、案外簡単に泣けるもの。泣いて許されることでもないが、ここで電車のドアが開けば、顔をグズグズに濡らし憔悴しきった体で降車だ。

が、おそらくその駅はあなたの最寄り駅ではないはず。もうしばらくゲロとの旅は続くと予想される。そんなときは、①上着を脱ぎゲロを覆う。冬だとコートがあるので便利だが、夏でもTシャツを脱いで上半身裸になって覆ってみよう。精一杯の誠意が伝わるはず。②ゲロをドアの端っこに集める。

①の行動をしたくない人は、せめて手を汚そう。いくらかゲロをまとめた分、乗務員さんの掃除が少しは楽になる。

45

ウ○コを漏らしてしまった！

突然の便意でトイレに駆け込むも、個室のドアノブは「赤い色」で使用中のサイン。隣も、その隣も。「だめだ、他のフロアだ」と脂汗をかきながらダッシュで向かって（ダッシュすると漏れそうなんでひょこひょこ歩きかも）、ようやく空室を見つけズボンを下げようとした瞬間、フライング脱糞！　パンツの中にウ○コを見つけてしまったとき……。さあどうしたものか。

こうして乗り切れ！

出てしまったものはしかたない。まずはパンツまですべて脱いで下半身裸で出すものを出してから、落ち着いて善後策を考えよう。

ウ○コの染みがパンツまでであれば、パンツを鞄にしまい（ビニール袋に入れられたらベスト）、ノーパンで一日を過ごせばいいだけ。問題はズボンにまでウ○コが染みてしまったとき。さすがにズボンまで脱ぎ捨てて個室から出るわけにはいかない。一刻も早く、代わりのズボンを買いに走ろう。

幸い日本は世界中のファストファッションブランドが集まっていて、安く、それなりにいいものを簡単に手に入れることができる。「ズボンだけ買うと、上との組み合わせがおかしい」というのなら、全とっかえしてしまおう。「あれ、○○くん、朝と格好違ってない？」と帰社後言われても大丈夫。「鳥のフンでジャケットが汚れちゃって新しいのを買ったんですが、なんか下と合わなくて……」。本当の理由は「俺のフンが漏れちゃって」だけど、それは胸と鞄の中にしまっておこう。そうすれば、「オシャレに意識高い人」ってことで女性社員に一目置かれるはず。

46

高い買い物をしたことを責められた！

敏腕マーケターというのはいるもので、すっかり「自分へのご褒美」という浪費（？）の言い訳が世間に定着している。それに便乗して、「俺、今月すげえがんばったし、ご褒美で時計買っちゃった」「来月すげえがんばるから、ご褒美前払いでまた時計買っちゃった」というようなときの言い訳。

こうして乗り切れ！

リサーチ会社の調べによると、女性の2人に1人が自分へのご褒美として買い物をし、年間平均6万8000円使っているとのこと。これを使える金額の目安にして、それ以上、以下で相手を説得することができるかも。彼女や奥様も「5万円なら、まいっか」と言うか……（言わないな）。

「なんでそんな高いもの買ったの！」と咎められる方の多くは、妻子持ちだろうから、「息子がこれから進学っていうのに、なんでそんなもの買ったの！」とか「マイホームを買おうって節約してるのになんでよ！」というように言い訳無用に罵倒されることだろう。そんなときは「いつか息子が大人になってこの時計をつけてくれたらな」とか「マイホームを買うための発奮材料だよ。この時計の倍返し、いやレバレッジ20倍返しだよ」と、本当は自分のための「浪費」だが、あくまで家族みんなのための「投資」であることを伝えてみよう。

47

サブカル野郎に知識の多さをやたらとひけらかされた！

世の中には尊敬できる知識人と尊敬できない知識人がいるもの。前者と後者の違いはカンタン、知識量よりも態度の問題だ。自分が知っていることを知らない人がいるとすぐ得意そうになる人……よくいますよね。しかも偏見かもしれないが、なぜかそういう人にはサブカル好きが多い気が。サブカルおしゃべりクソ野郎を黙らせるにはいったいどのようにすればいいのだろうか。

こうして乗り切れ！

他人に対して知識の多寡で優越感を覚えている時点で自明の理ではあるが、そういうサブカル好きは妙にプライドの高い人が多い。これは、私生活などでうまくいかないときに自分を救ってくれたのがサブカルチャーであり、それが自分の中でとてつもなく大きなものになってしまったからなのだろう。

しかし、そのこと自体は悪いことではないが、偉いのは映画や音楽や漫画など、表現そのものであり、決してその知識を知っているサブカル野郎ではない。「それを知らないことで何か問題ある？　知ってるお前も別にそれで飯食ってるわけじゃないんでしょ。それか評論家にでもなれば？」

そのように言ってやろう。それで評論家を目指す骨のある人物なら、今後も偉そうにさせてやってもよいではないか。もちろん一番ダメージを与えるのは、相手の間違いを指摘することだが、そのためだけに勉強するのは時間のムダだろう。

48

「よくないことが起こる」と霊能力者に言われた！

とてつもなくスピリチュアルな人が、時々いる。そういう人が得意な人はいいが、基本的には苦手な人のほうが多いだろう。そして単にそういう人ってだけでもやっかいなのに「あんた、背中が煤けてるぜ」などと、悪い未来を霊視されちゃったりしようものなら……さすがに文句の一つも言いたくなるもの。オーラの泉に沈めてやろう！

こうして乗り切れ！

ここで気をつけておきたいのは、その人が本物の霊能力者である可能性。本物なら素直に参考にしたいところなので、聞き込みをしてみよう。ニセ霊能力者の定番である、多くの人に当てはまる「仕事で悩んでいるでしょう」「恋愛で気になってるところがありますよね？」といった抽象的なポイントの指摘は絶対に相手にしちゃダメ。そこで、「私の何が原因でよくないことが起こるのか教えてください」と返してみよう。おそらく「性格」「行動」などぼんやりした答えが返ってくるので、「どんな性格？」「何をしたとき？」と因数分解していく。相手がその追及から逃げればよし。どこまでも正解が続いたら本物の可能性も。ただ、ニセ霊能力者は口だけ達者だったりするので、追及するつもりが丸め込まれることもある。自信がない人は、不安な気持ちを抱えながらも何も言い返さずに無視を決め込むのが正解かも。

49

レディースのバイクに車で追突しからまれた！

交通事故は怖い。油断大敵とわかっていても、どうしても慣れると気を抜いてしまうのが人間というもの。大した怪我人もなく、ガードレールをこすったり、人の車にぶつけただけ、という程度の事故なら経験者も意外といるのでは？　ただ後者の場合、相手が怖い人だと事故の規模と関係なく大事になる可能性も……。もしもヤンキーだったら、どうする!?

こうして乗り切れ！

前を走るバイクがヤン車で、またがり方からしてもバリバリのレディース！　なんてときに一番大切なのは、車間距離を広げたり、遠回りでも進路を変えたりすること。シャコタン車や黒塗りの外車も要注意。

それでも実際に事故ってしまったら……。相手が怖い大人なら、必死で謝り倒して払える金は全部払うしかない。しかしヤンキーだったら話は別！　諦めたらそこでゲームセットだ。ヤンキーは基本的にまっすぐで、学校や大人の不誠実さに不満を抱いている好人物も多いので、ダメ元で人情に訴えてみよう。

「小さい妹を食わすために、仕事を入れすぎてつい睡眠不足でウトウトして……。ごめんなさい！　まさか、親父とお袋を失った交通事故を自分でやっちまうなんて……」

とはいえ、うまく見逃してもらえたとしても、好人物に迷惑をかけて騙すことになるわけで、やはり人間、安全運転が一番。

50

東大生と口論になった！

東大というのは言わずもがな国の最高学府なわけで、東大生の頭脳は勉強においては右に出る者はいない。運悪く、そんな東大生と口げんかをしてしまったあなた。勝つためにはどうすればいいのか？

こうして乗り切れ！

まっとうな攻め方としては、「東大を卒業して、東大という後ろ盾がなくなった時にあなたがどう評価されるかよ。所詮、勉強ができるだけじゃ社会では生き残っていけないんだから」とかだが、そもそも東大生とまっとうにやりあってはいけない。なぜなら、彼らは論理的思考力でも頭の回転でもずば抜けているからである。

そこで、自分ワールドに相手を引き込んでしまう。そう例えるなら、ローラのように自分以外は理解できないThe Jibun Worldへと相手を引き込み、そこで勝負するのだ。「わかんない～」「うん、わかる」「へぇーそうなんだ」「へぇー君すごいねぇ」という感じで相手の話などほとんどどうでもいい感じでどんどんこちらの世界に巻き込んでいこう。

自分ワールドではあなたが世界の神なのだから、負ける訳がない。そこは世間の常識なんてまるで通用しない世界だ。当然、常識人である東大生も太刀打ちできず、結果的にあなたが相手を言い負かすことができるのだ。

51

エレベーター内でオナラをしたことがバレた！

マンションや、会社、デパートなど日常生活のいたるところでエレベーターに乗る機会はある。エレベーターは空間移動の便利な道具である一方、稼働中は密室となる。そのため、音や匂いには特に気を使うもの。万が一、他の人が乗り合わせているエレベーターでオナラをしてしまったら……。

こうして乗り切れ！

オナラをしてしまっても、エレベーターに乗っている人数が3人以上であれば問題ない。よほど大きな音をたててオナラをしない限り、3人のうちだれがオナラをしたか特定されることはないからだ。問題なのはエレベーター内に自分以外に1人しかいない場合。もし、大きな音が出てしまい、オナラをしたことがばれてしまったら。

「こら、こら、まだ出ちゃダメだっていっただろう。せっかちなんだから！」とあたかもオナラが自分の友達か恋人であるかのようにふるまってみよう。そうすれば、乗り合わせた人も嫌な感じがせず、なんだかほっこりとした温かい気持ちになってくれるはず。

ただ、どうしても、恥ずかしいので一人になりたいという人は次の言い訳を言ってみよう（要演技力）。

「みなさん落ち着いてください。他に爆発物がないか僕が調べますから、皆さんは次に停止した階で降りてください」と一気にまくし立て、勢いでその場を押し切ってしまおう。

52

卒業した大学をけなされた！

自分や時代への不安の裏返しなのか、マウンティングを狙う輩が増えている昨今。特にマウントを取りやすいのは、学歴や職歴に関する部分だろう。飲み会なんかで急に「大学はどこ出身なんですか？」なんて聞いてくる人がいたら、そいつは確実に東大などの出身でマウントをとる気満々と見ていいだろう。そこでたとえば「日大」なんて言おうものなら、鼻で笑われるに違いない。そんな学歴バカ、どうにか言い返してやりたい！

こうして乗り切れ！

学歴でマウンティングされると腹が立つもの。なぜなら、その人が自分よりも勉強を頑張っていただろうことは間違いないからだ。しかし、それはそれとして母校を馬鹿にされたら悔しいに決まっている。そこで用意しておきたいのは、「自分が母校に入った明確な理由」だ。「それならそこに入るわ」と人が納得するものを、後付けの嘘でいいので探してみよう。たとえば、

「〇〇学部に××先生という准教授がいて、研究者としてはまだ実績が浅いんだけど、その人が書いた新書を高校のときに読んでそこに行こうと思ったんだよ！」

といったもの。日本でそこにしかない学部や学科があったり、特徴的な卒業生がいたりすれば、それも理由になるだろう。あと、マウントを取りにくる時点で、相手は勝つ自信のある大学＝東大や京大、慶應などの出身であることが予想されるので、それら有名大学の弱みを勉強しておくのもいいだろう。

53

ゴミの分別を注意された！

憂鬱な朝、出勤途中に燃えるゴミを出さなければいけない月曜日。しっかり忘れずに持って出て、ゴミ捨て場に置いてさあ駅に向かおう――というそのとき、「ちょっと、これ分別ちゃんとできてないじゃない！」という怖いオバサンの声！　カチンと来ること間違いなしのシチュエーションだが、対応を間違うと今後の近所づきあいにも差し障りが……。

こうして乗り切れ！

このシチュエーションで難しいのは、仮に分別をちゃんとできていたとしても、そう注意された時点でどうしようもなく面倒であるという点。まともに応対していたら遅刻してしまうかもしれないし、実際にゴミを広げてみるにしても、分別はできているけど見られたくないものがあるかもしれない。たとえ問題なかったとしても、こういうオバサンは自分の間違いを認めずに逆ギレしてきそうで死ぬほど厄介な存在だ。

実際に分別がちゃんとできていなかった場合も含めて、こういうときは、「え、そうなんですか？　すみません、前住んでいたところとルールが違うのかも。分別できてると思ってました……」

と謝ってダッシュで家まで持って帰ろう。仮にそのせいで遅刻することになっても、早めに連絡すればきっと大丈夫。一番恐ろしいのは近所のモンスター。決してオバサン軍団を敵に回してはいけない！

54

ズボンのチャック全開を指摘された！

男性のズボンには大抵チャックというものがついている。ときおりボタンを閉めるズボンもあるが、あれはかなり面倒くさいし漏らす寸前のときなんかに死にかけてしまうので、やっぱりチャックが最高！　でもそんなチャックさんにも唯一の弱点が。アイツ、なんで俺の許可なしで勝手にオープンしちゃうわけ……？

こうして乗り切れ！

チャック全開を指摘されるとき……。それは、どんな権力者も無力になる、全ての男性にとってある意味平等な賢者タイムと言えるだろう。

本当は「わざとやってるんだよ！」と開き直ることができると楽なのだが、相手によっては痴漢扱いされてしまう可能性もあるので、使いドコロの難しい言い訳になってしまう。

そこでオススメしたいのは、チャックが全開であること以上の謎を振りまいて煙に巻くこと。さも一般常識かのように、

「あれ、ごめん、今日は閉じてる日だったはずなんだけどなぁ……」

と、しれっと言いながらチャックを閉じれば、相手の思考能力を根こそぎ奪うことができるはず。そして残るはチャックの閉まったズボンのみという寸法だ。

55

運転中、ケータイで話していて警官に見つかった！

運転中、ケータイが鳴って、こっそり見たらどうしても出ないといけない着信っぽい。真っ直な道だし、大丈夫かなと思って出たら、バックミラーにはよく見かける白と黒の特殊車両が。ウインカーで路肩に停車することを指示されて……一体どうすれば言い逃れできるのだろうか。

こうして乗り切れ！

まず大前提として、ケータイで話しながら事故りでもしたら大事ですが、ケータイの使用を発見されただけなら違反キップを切られるだけだということ。もちろん反則金は痛いが、基本的におまわりさん相手に下手な言い訳をするのは相当リスキーであることは覚えておきたいところ。

……とはいえ、それで終了、というわけにもいかないので、あなたがとてつもないドライビングテクニックと演技力を備えているのであれば、急いで車を停車して、自らパトカーに駆け寄ってこうやってみては？

「待ってたよ。犯人はこの道を直進している。君はこのまま真っ直ぐ追跡してくれ。俺はこの先で左折して側道から追いかけるつもりだ」

それだけ言い終えたら、間髪入れずに車を急発進し、次の交差点で左折してみよう。もしもパトカーも一緒に左折するようなら……カーチェイスの始まりだ！

56

既読スルーへの言い訳

元々、別に電子データによる連絡なんて、すぐに返信したほうがいいのは事実だけど、そうしなければいけないという決まりなんてない。それが、LINEの「既読」マークのおかげで一気に放置する人＝悪役という風潮に……。と、悔やんでもしょうがない。あれだけ便利なものを使わせてもらっているのだからしょうがない。既読スルーに上手な言い訳さえできれば問題なし！

こうして乗り切れ！

少々の既読スルーでうだうだ言う相手とは、さっさと別れたほうがよいのでは、と思ったりもするものの、体の相性は最高だから、とかまあ色々ある。ポイントは「既読スルーを既読スルーと認めない」ことなのだ。

どういうことかというと、既読スルーで文句をつける人は、多分何を言っても「私より〇〇のほうが大事なんだ！」「俺からの連絡のほうが大事じゃね？」などとなるに決まっているので、大元である既読スルーという大陸をずらしてしまったほうがいいのだ。

「いや、既読スルーしてないから。既読チャージ中だから！」

どんなに短い言葉やスタンプでも、そのメッセージを、込められた思いを、いままさに受け取り消化している最中なのだとぶつけてみよう。相手が認めなくても、とにかく強弁し続ければ、いつしか新用語が誕生し、夜も盛り上がるに違いない！

57

年齢詐称がバレた!

経歴詐称にも色々あるが、政治家が出身大学を盛るなんてスケールの大きなものはともかく、年齢くらいは私たちもちょろっと誤魔化してしまうことがあるもの。特に彼氏彼女を捕まえるためにギリギリ20代にしておきたい……なんてとき、うまくいっちゃってそのまま付き合うことになったら、そのままの設定にしておきたくなる。さて、それがバレちゃったら、どうすればいいのだろうか。

こうして乗り切れ！

年齢詐称がバレるときというのは、バレた相手や組織と結構な関係性が出来上がっているときがほとんどだろう。長く付き合っていた相手と結婚することになって、書類を取り寄せたときに、とかじゃないとまずバレないわけだから。そこで、

「どうしてもお前と付き合いたくって、でも絶対無理だと思ってたから、せめて歳を誤魔化して……って。ずっと悪いと思ってたけど、でも、本当のことを言って嫌われたらと思うと怖くって……」

と、本気も本気の泣き落しで、責めるつもりでいた相手を、むしろ申し訳ない気持ちにさせる勢いで迫ろう。涙の雨で地面を固めるのだ。

ちなみに、ちょっとした嘘をついただけで、自分でポロッと言ってバレちゃった、という程度なら大した話ではないので「少しでも若く見られたかったんです！」と開き直って笑い話にすればＯＫ。

58

自分探し野郎が世界一周の旅で悟った気になっている！

高校卒業から10年、同窓会が開かれた。20代後半ともなるとそれぞれの方向性が見えて興味深い。そんな中で異彩を放っていたのがNだ。大学を中退し5年かけて世界中を回っていたようだ。最初は異国のトンデモ生活習慣や失敗談に笑っていたが、こんなことを言い始めた。「俺はまだ自分が何者かわからない。お前たちはすごいよな、自分の居場所を見つけられて」それは、こんな風に聞こえた。「俺は広い世界で経験を積んできたのに、お前らはちっぽけな世界で満足しようとしている。所詮、器が違うぜ」

こうして乗り切れ！

自分探しをしている人には次のような特徴がある。

・自由という言葉が死ぬほど好き。
・本棚にサンクチュアリ出版の本がたくさんある。
・抽象的な話が多い。
・自分が育った環境は特殊だと言いたがる。
・「俺（私）的には」「俺（私）って人は」が口癖。
・旅の途中で会った兄貴的な人の話をする。
・「あなたにはメンターがいるか」とか訊く。

おそらく、自己肯定感が強くて、現実認識が甘くて、「ユニークな自分」をアピールしたがる人達なのだ。

正直に言ってあげよう。

「誰もお前のこと気にしてないから。いい加減大人になる練習しようよ」

59

エロ本が子供に見つかった！

これだけデジタル化が進んでも紙のエロ本にこだわる人は多い。いわゆる紙派と呼ばれる人たちだ。紙派グラビア目巨乳属ＳＭ科に分類されるあなたにとっての目下の悩みは、これらのコレクションの置き場所というか隠し場所である。大半は月極めのレンタル倉庫に保管してあるが、これぞという逸品（お気に入り）は、自分のクローゼットの奥に隠してある。ある日のこと、シャツを探していたら、どうも配置が変わっている。留守中に中１の息子が見ているようなのだ。緊縛モノは子供には刺激が強すぎるのだが……。

こうして乗り切れ！

性欲や性的嗜好について家族で話し合うというのはなかなか難しい。ましてやSMである。

だが、よく考えてみると、日本には昔から春画というジャンルがあったではないか。あれらは江戸時代には、ポルノグラフィであると同時に、性教育の側面もあったと言われている。

あなたのSM本も、美術書に位置づけたらどうだろうか。息子はSM本に興奮しつつも混乱しているはずである（父ちゃんはなんて汚らわしいんだ。ああ、でもスゲー写真だ）。

そこでひと言こう言ってやるのだ。

「クローゼットに一見いやらしい本あるだろう。あれは俺の美術の参考書だから。勝手にいじったりすんなよ。お前はＡＫＢで我慢しておけ」

エロの道は遠く険しいことを教えてやるのだ。

60

ＮＨＫの受信料を払いたくない！

引きこもり歴10年のあなた。外に出るのはコンビニへの買い物とゴミ出しぐらい。誰か来ても居留守を使う。昼食を買いに行こうとドアを開けたら、そこに立っていたのが、Ｔｈｅ公共国営放送の受信料徴収人だった。あなたのテレビはゲームとＤＶＤのモニター専用となっており、テレビ番組はアニメしか見ない。ＮＨＫなんて何チャンネルかも知らないほどだ。愛想がいい徴収人が言うには、たとえＮＨＫの番組を見なくとも、見られる状況にあれば受信料を払う必要があるらしい。どうすればいいの？

日本国民としてＮＨＫの受信料を払わなくてもいいケースは左記の通り。

・受信機がない
・テレビ放送受信不可の受信機しかない
・受信料の免除規定に該当する

３番目の項目は生活保護世帯などが対象になっているので除くとして、まずはテレビがない、もしくは壊れていることをアピールしよう。テレビはあるけどアンテナがないから見られないというのは、一軒家ならありだが、集合住宅では通らない。

「テレビありません」
「テレビ壊れてます」

で、まず徴収人は退散してくれるはずだ。

ＢＳアンテナがベランダに見えていてそれを指摘されたら、「宇宙人と交信しているんです」と言おう。

61

彼女とのHの声が大きいと隣の部屋の住人にチクられた！

僕の彼女はあの時の声が大きいことで有名だ。まあ、僕のアパートの住人の間では、という意味だが。本人は全然気にしてないらしい。一度声を出さないでくれといったら気分が出ないから、といってすねられた。この間も部屋に遊びに来たので夕食後にそういうことを始めたら、隣から壁をドンドンされた。しかもあろうことか、次の日にそいつが大家さんにチクっている現場を見てしまったのである。

こうして乗り切れ！

女性のあの時の声、いわゆるアヘ声は、生物学的に意味があるらしい。あの声には、オスの射精を促す効果があるというのだ。少子化が進む中、女性の方たちには、自分のアヘ声をブラッシュアップする努力を忘れないでほしい。

話が横道に逸れてしまった。

大家さんだってアヘ声について注意するのは気が引けるものだ。あなたから機先を制して謝りに行こう。

「先日、遊びに来た妹が高熱を出してうわ言を言ってたんですが、相当うるさかったみたいですね。隣の方にもご迷惑をおかけしました」

大家さんにしてみればわたりに舟で、それ以上は詮索してこないだろう。

62

グルメ気取りでレクチャーしたら間違いを指摘された！

会社の仲間と評判のバルに出かけた。最近気になってる営業3課のエリちゃんも一緒だ。穴だらけのチーズが出てきたので蘊蓄。「これはスイスのチーズでエメンタールといってね、この穴はネズミが齧ったと思うだろ。残念、これはミルクからチーズになる過程で発生するガスが原因でできるんだ」すると、先月入社したばかりで空気を読まないと評判の後輩が口を挟んできた。「ああ先輩、その説はもう古いですよ。チーズの穴は牛乳に含まれる干し草が犯人らしいですよ」。周囲にはまたやっちまった感が広がる。さてどうする？

こうして乗り切れ！

とんだところでチーズ論争である。

ここで年の功をかさにして俺の方が正しいなんて言おうものなら、あなたはチーズならぬケツの穴の小さい人で終わる。かといって、「お前、すごいな。どこでその知識仕入れたの」と持ち上げるのは沽券が許さない。

ここはひと言「チーズって奥が深いよな」と噛みしめるように言おう。皆は心の中で（あんたって底が浅いよな）と思いながらうなずいてくれるだろう。

63

女児の誘拐犯に間違えられた!

女児の連れ去り事件がもはや珍しくない昨今、気軽に子供に声を掛けようものなら即、犯罪者扱いされかねない。しかし例えば、路地で1人泣いている女児がいたら、さすがに無視するのも気が引ける。仕方なく、手を引いて自宅を探してあげていると、向こうからもの凄い剣幕で母親らしき女が駆け寄ってきた。どうやら自分を連れ去りの犯人と勘違いしている。頭に血が上って、今にも警察を呼びかねない母親の誤解を解くには?

こうして乗り切れ!

仮に警官が来ても、話せばなんとかなると思ったら大間違い。皆、変態ロリコン野郎の色眼鏡で見ているから、逮捕は確実だ。頼みの女児は母親に怒られると思って、本当のことを喋るのは期待できない。そうなると警察を呼ばれる前に母親を説得するしかない。

まずは身の潔白を証明するため、正直に事情を話すべきだ。しかし、たぶん母親には犯罪者の逃げの言い訳にしか聞こえないだろう。ならば母親の先入観を覆す、絶妙な言い訳を考えるしかない。あなたは母親に向かって、真剣な眼差しでこう言おう。

「実は、あなたのことが以前から好きでした! だから告白するチャンスを作るため、この子を利用しました! すいません!」

これで母親が「まあ」と色めき立てばロマンスが生まれるし、あなたの疑いも晴れて一石二鳥だ。しかし大半は「ふざけないで!」と怒りの火に油を注ぎかねない。そうなったらもう開き直って母親を押し倒すしかない。警察が駆けつけて逮捕されても、変態ロリコン野郎の汚名だけは返上できるはずだ。

64

偉そうに騒ぐ有名芸能人を静かにさせたい！

たまたまデートで奮発して高いお店に行ったら、テレビでもよく見かける、ベテランの有名芸能人に遭遇。最初はラッキーと思ったものの、芸能人は取り巻きを連れて、やたら常連ぶって偉そう。うるさく、マナーも最低だが、店員はもちろん誰も注意はできない。せっかく高いお金を払っているのに最低だ。こっちだって客だよな。意を決したあなたは連れの制止を振り切って芸能人に近づいた。果たして芸能人を静かにさせる一言とは？

こうして乗り切れ!

あなたは、偉そうに騒ぐ有名芸能人を前にして、こう言えばいい。

「いつも大変お世話になっています。○○○○さんの出演されている番組をサポートさせていただいております企業の者です」

そして頭を下げ、席に戻る。大半は「あっ、そうなの?」と軽く反応するだけだが、その後はちょっと周囲が気になって騒ぐトーンが下がるはず。

テレビによく出演する芸能人にとって、テレビ局に次いで、頭が上がらないのがスポンサーだ。たとえサポートや協賛でも、仕事に関わっている人の前で傍若無人に振る舞うことは避けるだろう。そもそも、そういうベテランに限って現場の空気を大事にする体育会系の人が多いのも事実だ。

しかも、こちらはクレームではなく、あくまで御礼。ただ、あまり会話に深入りすると「どこの会社の人?」などと変に絡まれるので軽い挨拶だけが無難だ。あなたがサラリーマンなら、系列も含めて、なんらかの番組に関わっている可能性は高いし、そもそも番組を視聴すること自体、スポンサーへのサポートなのだから、広い意味で嘘はついていない。

65

しつこい電話の勧誘を断りたい!

「マンション購入のお考えは～？」「金の相場が～」などと、時間やタイミングを考えずにかかってくるセールスの電話。電話に出たら最後、何度断ろうとしても、相手は説明だけでも聞かせようと、しつこく食い下がってくる。年々手口も巧妙になって仕事関係や公的機関を装ったり、だらだら世間話をしながら、さりげなく商品の話題に引き込む輩もいる。全く時間の無駄。二度と電話がかからないように、はっきりと断る方法はないのか。

こうして乗り切れ！

「今ちょっと忙しいんで」とか「仕事中なんです」とか、やんわり断る意思を見せても、相手はマニュアル通り、会話を膨らませて引き延ばし、巧みに商品の話題に持っていく。そう、相手は話をしたいのだ。だったら、こう言ってみよう。

「昔、うちの母が宗教にだまされて。変な壺をたくさん買わされたのよ。全財産かすめとられて。母は死んじゃったけど、壺だけ残ってね。今、俺の部屋を埋めつくしているわけ。それをどうしようか悩んでいるの。なあ、あんたさ、俺の部屋の壺、今すぐ買ってくれるんだったら、話ぐらい聞くよ」

相手が曖昧な返答をして、セールスに話題を変えようとしたら、突然ブチ切れて「あー、わかった、わかった！　もういいよ！　この壺がいけないんだな！　この壺がなきゃいいんだよ！　ああ、割ってやるよ！　おらあああ！」

あとは叫びながら、拾ってきたゴミの陶器をバットで何度も叩き割ろう。

絶叫と破壊音を聞かせ続けるうちに、相手は確実に電話を切ってくれるはず。

事前に録音してループで流してもいい。

66

マナー違反と知りつつ電車内で携帯で話した！

以前と比べれば、電車の中で、携帯電話を使って話す人はあまり見なくなった。それだけマナーが浸透しているのだろう。たまに車内で携帯が鳴っても「あとで電話します」とか、最寄りの駅のホームに降りて話す人も少なくない。しかし時には、どうしても車内で、今すぐに携帯で話さざるをえないこともある。周囲の刺すような視線を浴びながら話し続けるあなたはどんな言い訳で、この車内の殺伐とした雰囲気を一変させられるだろうか。

こうして乗り切れ!

コツとして、まず電話の内容を聞き取られないようにする。仕事の電話ならなおさらだ。なるべく右手で口元を覆って、小声で話そう。それでも〈あとで話せばいいだろ? 切れよ! さっさと切れよ!〉と、周囲からの刺すような視線と、無言のプレッシャーが容赦なく浴びせられる。そして、ひどく長い時間に思われた通話がやっと終わり、あなたは携帯を切って耳から離す。車内は〈そう、それでいいんだよ〉と鼻で笑ったような空気に包まれ、あなたは〝車内マナーも守れない非常識な人間〟のレッテルを貼られて、どこか釈然としない敗北感に打ちのめされる。この殺伐とした車内の空気を一変させる言い訳はないのか。

あなたは天を仰ぎ、深呼吸した後、優しく微笑んで、こう言おう。

「……良かった……産まれて……」

この一言で周囲の見る目は一変し、あなたは非常識な人間から〝頑張った夫〟に変身する。学生なら「姉の赤ちゃんが無事産まれた」、年配の人なら「孫が産まれた」でもいい。

67

得意先の悪口メールを誤って得意先に送ってしまった！

メールの送信ミスは誰でも一度は経験があるはずだ。謝って笑い話で済めばいいが、そうならないケースも珍しくない。特にビジネスにおいては致命傷。人生を棒に振る事態さえ起きかねない。もしも、あなたが得意先の会社の悪口を書いたメールを、運悪くその得意先に送ってしまったら!? 得意先はもちろん、社内でのあなたの立場も微妙になってしまう。メールは送ったら後の祭り。あなたにはどんな言い訳が残されているのか。

こうして乗り切れ!

そのメールを見た得意先の相手は驚き呆れ、怒ることは間違いない。へたに言い訳してもどうにもならない。あなたは死刑台に立つ囚人の気分だ。

しかし冷静に考えてほしい。別に告発メールのような深刻なものを送ったわけではない。ささやかな悪口だ。要は気にならないようにすればいいのだ。そう、ここは、悪口メール以上にひどい内容のメールを送ればいい。

例えば「この前さ、ネットで獣姦の動画を見つけたら妙に興奮しちゃったよ」とか、「俺、彼女のウ○コを食べるのが一番のストレス解消なんだよね」などと、法的にはぎりぎりOKでも倫理的にはアウトな性癖を書いたメールを次々と〝うっかり〟送信しよう。10通ぐらい送ればいい。そうなると相手もげんなりして、最初の悪口メールなんて「どうでもよくなってくる」はずだ。

そして全て送り終えた後に電話をして「すいません、パソコンに変なウィルスが侵入してメールが誤送信されたみたいで、大変失礼しました!」と誠意を込めて謝罪しよう。相手の、あなたを見る目は確実に変わるが、得意先への悪口というビジネス上の最大のピンチはしのげるはずだ。

68

ぼったくりバーで高額請求された！

繁華街の客引きに誘われるまま入った店で、ビール1杯で数十万円を請求される……。いわゆるぼったくりバーは最近、手口が巧妙化。例えば、目当ての店に入ろうとしたら、店の前で店員風の男が「今、満席なので系列店にご案内します」と言って、ぼったくり店に案内する。警察に助けを求めても「話し合って」と最近はあまり相手にしてくれないとか。あなたがもしぼったくりバーで高額請求された時の効果的な言い訳と逃げ方とは？

こうして乗り切れ!

お会計で、目玉が飛び出るような額の請求をされて、内心〝やばい、ぼったくりバーだ〟と気付いたあなた。そんな時こそ、「へえ、意外と安いんだね!」と言って、笑顔でテーブルに残ったアルコールを飲み干そう。追加注文も悪くない。ひたすら現実逃避で飲む。そして上機嫌でトークに花を咲かせ、店員も油断し始めた時、突然、あなたは「うっ」と口を押さえて「は……吐きそう! うげえええ!!」とうめきながら声を上げて店を飛び出る。仲間がいるなら介抱するふりをして一緒にうめきながらダッシュしよう。

もしも追いかけてきた店員に捕まったら、ひたすらへベレケになって取り合わない。そのうち自己暗示で本当に気持ち悪くなり、路上にゲロをぶちまければ店員もどん引きだ。仲間もいたら、もらいゲロをすればいい。

路上で騒動になれば野次馬も増えるし、警官もやってくる。

店内はともかく、外に出たらこっちのもの。あとはゲロにまみれながら、〝飲み逃げ〟にならないように料金の再交渉をしよう。

69

「地元サイコ〜」って言ってるマイルドヤンキーにどう言う？

久しぶりに田舎に帰っての飲み会。地元で就職した高校の同級生が集まってくれたが、なにか話が合わない。彼らの話すことと言えば、クルマをどうしたとか、近所のショッピングモールに出店したラーメン屋がうまいだのまずいだの、知り合いが結婚したとか子供ができたとかの話に終始して、あなたは全く話に加われない。なんだか仲間外れにされているようなんですけど。

こうして乗り切れ！

そう、あなたは仲間外れにされている。マイルドヤンキーは仲間内でしか打ち解けないからね。ちなみにマイルドヤンキーというのは、次のようなライフスタイルを持つとされている。

ＥＸＩＬＥが好き／地元（家から半径５㎞）から出たくない／「絆」「家族」「仲間」という言葉が好き／車（特にミニバン）が好き／ショッピングモールが好き／上昇指向が低い／ＩＴへの関心やスキルが低い／できちゃった結婚比率が高い／子供にキラキラネームをつけたがる……。

はあー。あなたはため息をつく。どこにも接点がないからだ。自分と仲間以外の世界に想像力を働かせられない人間となにが話せるだろうか。恐るべしマイルドヤンキー。多分あなたが何を言っても、彼らには通じないだろう。

ここはあきらめて、あなたはあなたの世界に帰ろう。そしてせめて、自分は彼らのように想像力の欠けた人間にはなるまいと自省してみては。

70

中国人客から執拗に値引きを迫られた！

昔世界の工場、今爆買いツアー。なんだかんだ言っても、日本経済の趨勢は中国人が握っている。あなたが勤める上野の小さな宝飾店は、今日も中国人客でいっぱいだ。大学で三国志を勉強した甲斐あって、中国語ができるあなたは、社長の覚えめでたく昇進も間近だ。中国人客を相手にして大変なのは、彼らの値切りが半端ないこと。一度我慢ができなくて、「ここはあなたの国の市場じゃありません」と言ったら、大笑いされてしまった。向かいにはアメ横名物の干物問屋がずらっと軒を並べて、どう見ても市場だったからだ。

こうして乗り切れ！

「他の中国人が買ってくださいます」

中国人が値段を値切ってきたら、こう言えばいい。「もうこれ以上安くできません。他を当たってください。これは他の中国人が買ってくれるでしょう」なにしろ中国人はたくさんいる。しかも後から後から日本にやってくる。そのことは本人たちも承知なのだ。

宝石だけではない、なんにせよ「所有」することが難しい中国人は、その分、中国元よりも日本で買える品質が保証されたものが欲しいはずだ。「いま買っておかないと、後から来た中国人のものになってしまいますよ」とやんわり脅かしてあげよう。

71

白人至上主義者にバカにされた！

初めての海外旅行はアメリカ東海岸。勇気を出して地元の人間が集まるパブに行ってみる。駅前留学の成果を試す時だ。ちょっと目が危なそうな男が「ヘイジャップ」と話しかけてきた。明らかの俺のことをバカにしている。

「日本人ていうのは、自分の命が危なくなっても、上司からの指示を待ってから行動するってのはほんとかい」

ここは日本人を代表してガツンと言ってやろう。

こうして乗り切れ！

ジョークにはジョークで返そう。アメリカ人を揶揄するジョークをいくつか挙げておくので、英訳して覚えておこう。ただしそれを口にして、あなたの身に何が起こっても責任は持たないが。

「アメリカには3種類の馬鹿がいる。馬鹿と大馬鹿と志願兵」

アメリカ人A「日本の掲示板にアメリカンジョークのスレがあるらしいよ」
アメリカ人B「なんだって！　よし、早速裁判に訴えよう！」

「アメリカのジョークはなぜ短いのか？」
「長すぎるとアメリカ人が覚えられないから」

人間は2つに大別できる。イギリス人「紳士と大衆」。フランス人「美食家と悪食家」。中国人「共産主義者と堕落した資本家」。アメリカ人「俺達とお前達」

72

痴漢に間違えられた！

いつもと何も変わらない朝の通勤ラッシュ。満員の車内で突然、隣の女子高生があなたの手首をつかんで「この人、痴漢です！」と声を上げた。「おいおい、俺は何もしていないよ。誤解だよ」と言って、仕方なく電車を降りてホームに立つと、周囲はすっかり自分を犯罪者の眼差しで取り囲んでいる。〝被害者〟の女子高生は今にも泣きそうな顔だ。果たして、あなたはどんな方法で痴漢のえん罪を晴らすことができるか？

こうして乗り切れ!

「話せばわかる」と、駆けつけた駅員にうながされて駅員室に入ったら、自動的に痴漢を認めたことになるという。大半の人はそのまま警官に連行され、渋々罪を認めて釈放される。つまり泣き寝入りだ。裁判で争っても何年もかかるし、勝てる保証もない。やっぱり不運と諦めるしかない?

いやいや。それでも、どうしても痴漢を認めたくないあなたに悪魔の声がささやく。〝だったら逃げ出せばいいじゃん〟。しかし周囲には自分を取り囲む人がいる。キャラ声で「ね、知ってる? 駅でよく耳にする『線路内に人が立ち入りました』ってアナウンスは〈痴漢の隠語〉と言われるけど、本当は違うんだ。だから僕がその誤解を解いて、痴漢の無実を証明してやる! ヒャッハーー!」と叫んで、周囲が驚く隙に、踊りながら線路に飛び込んで猛ダッシュしよう。

もっとも、それで捕まれば痴漢どころか様々な罪が加算されてしまうので、やっぱりオススメしない。ちなみに線路に人が立ち入るアナウンスは、文字通り自殺志願者などを指しているとか。よい子はまねしちゃダメだよ。

73

覗き見していたのがバレた！

ある日、あなたの部屋に刑事が訪ねてきた。どうやら近所のアパートに住む女子大生の浴室を覗いた容疑で聴取するらしい。女子大生は湯気の向こうで、あなたの顔を見たという。当時、あなたは泥酔して帰宅する途中でほとんど記憶がない。運の悪いことに事件当時、近くの防犯カメラに路上をフラフラ歩くあなたらしき人物が映っていた。ただし映像は不鮮明で、顔ははっきりしない。なんとか言い訳を見つけて、罪から逃れたいが……。

こうして乗り切れ！

取調室で、あなたは当日のアリバイを証明しようとするが、刑事は「じゃあ、このビデオに映った人物はあなたじゃないの?」と問いただす。

確かに自分に見えなくもない。でも不鮮明だ。

あなたはためらいながらも、冷静にこう答えればいい。

「実は……その映像に映るのは……僕の生き霊です……」

刑事はあ然とするが、あなたはひるまず続ける。

「疲れていると…生き霊が勝手に体を抜け出して……街をさまようんです」

確かに女子大生の証言も〝湯気でぼんやりしていた〟というし、防犯カメラの人物もどこか幽霊に見えなくもない。あなたはあくまで被害者面をして「生き霊がご迷惑をおかけして申し訳ありません。生き霊の仕業といえども、私の責任です。どうか私を処罰してください」と頭を下げよう。

うまくいけば刑事も同情して、あなたを擁護してくれるはずだ。もっともその後は、鉄格子の付いた病院に強制的に入院させられることになるかもしれないが。

74

うるさいギャル系に「キモい」などと罵られた！

繁華街などで地べたに座って、飲んだり、食い散らかしたり、ギャーギャー集団で騒いでいるギャル系の皆さん。ちょっとでも目が合えば「じろじろ見るんじゃねえよ！　おっさん、キモいんだよ！」と怒鳴られる。そそくさと離れるのが一番だが、その情けない後ろ姿に「ぎゃはは！　だっせえの！」と馬鹿にされるのも、なんだかむかつく。なんとかうるさいギャル系を一言で黙らせる良い方法はないか。

こうして乗り切れ！

あなたも男だ。たまには爆発したいだろう。

しかし、「おうおう！　うるせえな！　てめえらギャルだって、俺のようなキモいおっさんのチ○コから生まれて来たんだろ！」などと言い返したら、それこそ大騒動だ。近くにいるギャルの仲間も加わって、あなたがボコボコにされるのは間違いない。

ではギャル達を無理なく黙らせるにはどう言うべきか。

「おっさん、キモいんだよ！」などと言われたら、あなたはニヒルに微笑み、ギャル達に近づこう。そして警戒するギャル達に、優しく小声で耳打ちする。

「おじさん、テレビの制作会社の者だけど、今、〈若者の生態24時〉って番組を撮っているんだ。ほら、見てごらん。あのビルの窓とか、あちこちに隠しカメラで撮影しているから。もちろん映っても顔にはモザイクかけて、声も加工するけど、わかる人にはわかるから、ほどほどにね」

戸惑うギャル達を尻目に、あなたは颯爽と人混みに紛れて去っていけばいい。

75

車でオカマを掘ってしまった！

保険のCMじゃないけど、自動車事故は他人事と思っていると、ある日突然、降りかかってくる。もしも深夜、あなたが車を運転中、ふと目をそらした直後、前の車が急に止まったため、追突してしまったら……。オカマを掘られた前の車の運転席から出てきたのは、どう見ても免許を取ったばかりの女子大生。彼女はもの凄い形相で車から飛び出てきて、へこんだ車のトランク部分と、あなたを交互に睨み付ける。あなたはどう言い訳する？

こうして乗り切れ！

相手だってひどい運転をしていたはずだが、ここはぐっとこらえて、あなたは車から出る。そして前の車との追突部分を見た後、明らかに怒っている女子大生を見て、こう言おう。「良かった、無事で……」

当然、女子大生は、相手が謝ってくると思っていただけに「はあ？」となるはずだ。そこであなたは冷静な眼差しを向ける。

「いえね、後ろから見ていたんだけど……後部座席に男が隠れていて、いきなりナイフを振りかざして、あなたを背後から襲おうとしていたんです。私はとっさに『危ない！』と思って、わざと車をぶつけました。幸い、男は後ろのドアから外に逃げていきました。ホントに良かった……」

相手は鳩が豆鉄砲をくらったような顔をしているが、それでもあなたは安堵の笑みを崩さない。他に目撃者もいない夜道。女子大生だって内心は不安でパニック状態だろう。そういえば……女子大生にも思い当たる節があるかもしれない。今時、ストーカー被害に遭っている女子大生なんて珍しくもない。そして今頼れるのは、あなただけだ。

76

自分のせいで飛行機の離陸を遅らせてしまった！

さぁ、今日から1週間の休暇でハワイへバカンスへ。空港で無事にチェックインも済んで搭乗完了、あとは出発を待つだけ！　ところが、定刻になっても機はなかなか出発しない。するとアナウンスが、「登場予定のお客様をお待ちしているため、本機は出発が遅れております。お客様にはご迷惑をおかけしており、大変申し訳ありません。いましばらくお待ちください」しばらくすると、客が1人乗ってきて……もし、あなたがその客なら何と言い訳する!?

こうして乗り切れ！

「皆様、お急ぎのところご迷惑をおかけして大変申し訳なかったです。皆様のおかげで2人の命が救われました。実は、空港に向かう途中で、臨月の妊婦さんが急に産気づいてしまって。しかも、破水してしまったので、その場で介抱しながら赤ちゃんを取り上げていたのです。医療器具も何もない状態だったのですが、何とか無事に男の子を出産されまして。そしたら、私に是非、その子の名付け親になってくれと言うものですから、国と国、地域と地域、人と人をつなぐという意味で、環（たまき）という名前を考えたのですが、これに結構時間がかかってしまいました。お待たせして本当に申し訳なかったです。ありがとうございました」と言えば、きっと誰も反論しない。怒るどころかきっと機内には拍手が響き渡ることだろう！

しかし、実際にこの言い訳を使ってテレビや新聞で騒ぎ立てられてしまっても、責任はもてないので悪しからず。

77

嫌煙家を黙らせたい！

年々厳しくなる喫煙者に対する目。全面禁煙の会社や店も増え、家でも煙たがられ……愛煙家にとっては肩身が狭くなるばかり。一昔前までは当然のようにドラマや映画で二枚目俳優がスパスパタバコを吸っていたのに、今や男前ですら愛煙家だと文字通り煙たがられる時代に。なんでこんなにタバコばかりが悪者に……。しかし時代の流れには抗えないもの。ここは有効な言い訳で嫌煙家を黙らようではないか。

こうして乗り切れ！

タバコのあの臭いや煙、そして毒性に対してどんな言い訳を並べてもなかなか厳しいものがある。そこでここはひとつ、タバコを嫌がる相手に対して「タバコはやめて」と突っ込めない状況を作り出そう。誰しも黙ってしまうような状況。それは「トラウマ」だ。

「実は僕（私）、10代の頃にいじめられていて、クラスの不良達からタバコを無理矢理吸わされていたんです。断ると暴力やタバコの火を……ウッウッ（泣）あの頃のトラウマが原因で、今でもタバコを吸わないでいると記憶が甦って動悸が激しくなって、あああ！　ごめんなさい！　うわー！　ウッウッ（泣）」これで完璧。

ここで肝心なのはいかにシリアスに演じるか。タバコが許容されるか否かの重要なターニングポイントなので、うつむき、時に涙を流し、また絶叫するなどして、相手に自分が受けたトラウマを見せつけよう。数をこなせば喫煙生活の充実だけでなく、確かな演技力も身に付き一石二鳥。

78

試合を決めるPKを外してしまった!

日本のワールドカップ出場がかかったこの一戦。0-0のまま進み、延長戦突入かと思われた後半44分、まさかの失点で絶体絶命の大ピンチ。しかしロスタイム、ゴール前で倒されPKをゲット! しかも倒した選手は一発レッドで退場。これを決めれば延長戦で人数の多い我々は断然有利だ。日本の夢を乗せ放った渾身のシュート! いざ、勝利と栄光に向かって——ゴール脇に大きくそれたボール。試合は終了。静まるスタジアム。夢は断たれた。

こうして乗り切れ！

こんな話をどこかで聞いたことはないだろうか？　テレビやラジオなどで有名人が「数十センチ程の小さいオッサンを見た」などと訳の分からないことを言っているのを。そう。全部、小さいオッサンのせいにしよう。

「僕は確かに完璧なコントロールでボールをシュートした、だがしかし突如小さいオッサンが現れてシュートの邪魔を……本当なんだ！」

これだ。

但し、上記のコメントだけでは単なる「驚く程嘘の下手な奴」と思われ、説得力に欠けるので、シュートが外れたと思った瞬間に必ず、『いるはずのない生き物に邪魔された！』という表情を作ってほしい。そしてその表情のまま目線をだんだん遠くへ。「小さいオッサンが飛び跳ねながら彼方に消えて行った」という演出が肝心だ。試合前や試合中にも時々あらぬ方向を見て驚いたり首をかしげたりしておけば、「試合中からオッサンにちょっかい出されてた」感が出て、一層効果的。

79

キーパーがオウンゴールを決めてしまった！

サッカーで相手の攻撃から自陣を守るゴールキーパー。しかし、たまーにそのキーパー自身の手によってゴールが決まってしまうことがある。最近ではイタリアセリエAでトリノのパデッリが、大したことのないボールをクリアしようとしたキックがなぜか不思議な当たり方をしてそのままゴールに……。おまけにスコアが動いたのはそのシーンだけで試合は0対1でトリノが敗戦。何事も明日は我が身です。言い訳を考えておこう。

こうして乗り切れ！

先人たちの名言は便利だ。そしてキーパーのオウンゴールといえば、日本にも偉大な先人がいる。２００４年、柏レイソルの南雄太選手は、味方に手で投げようとしたボールがなぜか後ろに放たれるという、滅多に見られない珍オウンゴールを決めてしまう。

２０１２年、所属するロアッソ熊本の成績が上がらない時期に南選手はブログを更新する。当時のことを「歴史に残るようなオウンゴールをしてしまって泣きたいくらいまわりに叩かれた事もあったし」と振り返り、それでもこれまでのプロ生活で感じた大切なことは「最後の最後まであきらめない、投げださないという事」だと記したのだ。

「俺は確かにボールを自陣に投げ出してしまった。でも試合は最後の最後まであきらめない。南選手もそう言ってたから！」

とにかく熱いテンションでまくしたてて、困惑するチームメイトを煙に巻こう！

80

団塊世代の精神論に言い返したい！

その時代に生まれたのは親の都合であって、本人の問題ではないのだが、いろいろと日本のよかった時期を享受している感じがして、団塊世代を好きじゃない人は意外と多いのでは？　特に、就職で苦労した世代……。しかし、団塊世代の側にも嫌われる理由があったりするもので、特に多いのが「自分たちがやってきたやり方・精神論の押しつけ」。これは完膚なきまでに叩きのめしてやりたいものだ。

こうして乗り切れ！

これぱっかりは、一切のひねりなしで、とことんまっすぐ正論をぶつけてやろう。

「みんな物を持っていなかった時代は、高品質なものをより安くつくる技術があれば、つくればつくるだけ売れたので、あなた様が仰られるように目の前のタスクにストイックに打ち込みさえすれば会社も儲かり給料も上がり退職金もいっぱいもらえたのでしょうね。でも、世界中に平均点の製品がある程度行き渡った現在においては、ただ高品質で安いだけでは限界があるし、それすらも中国や韓国のお家芸になってるわけで、私もあなたのように成功したいと思っていますが、そのためには無い知恵絞って差別化のアイディアを生み出すところから始めなきゃいけないんですよ。机の前でただぼけーっとしてるだけに見えるかもしれませんけどね！」

できるだけ早口で目を血走らせながら言うのがポイントだ。

81

イジメをしているのがバレた！

大変残念だが、人間は何かにつけて弱い者を叩きたがる。これは人に限らず全ての生物に言えることなのかもしれないが、少なくともヒトは知性や理性を持ってウン十万年以上の時を経ているにもかかわらず、一向にいじめはなくならない。実に嘆かわしい事態だが、知らず知らずの内に加害者になっていることも十分にあり得るのがいじめ。もしもの時のために、いじめ加害者になった際の言い訳も心得ておこう。

こうして乗り切れ!

いじめの加害者になってしまった時に最も有効な方法は「謝罪」と「同情を買う」の2点。「いじめをせざるを得なかったかわいそうな加害者、いや彼（彼女）もある意味被害者なのだ」という構図を作ろう。まず、いじめ行為を咎められたら最初は「謝罪」の気持ちを表そう。謝罪の言葉によって相手に「自分の行為に対して反省している」と思わせることができ、「救いようのない奴」という印象は与えずに済む。次に、「同情を買う」行為に移る。フィクションで構わないので。できる限り不幸な生い立ちを作り上げ、伝える。「すいません……、僕、○○（被害者）と友達になりたかっただけなんです。でも人との接し方がよくわからなくて……。父に殴られて育ったせいもあるのでしょうか。父はいつもお酒を飲んでは暴れて僕をぶつんです。母は出て行きました。姉はホストに入れ込んで……」これでバッチリだ、が、いじめ、ダメよ、ゼッタイ。

ピンチを乗り切る言い訳大全

2015年8月1日　第1刷発行

編　　者　言い訳研究会（新田真音、出田恵史）
発 行 者　東浦一人
発 行 所　TOブックス
〒150-0011 東京都渋谷区東1-32-12
渋谷プロパティータワー13階
電話　03-6427-9625（編集）
0120-933-772（営業フリーダイヤル）
FAX 03-6427-9623
ホームページ　http://www.tobooks.jp
メール　info@tobooks.jp
装丁・DTP　坂巻治子
イラスト　VasjaKoman/Digital Vision Vectors/gettyimages
印刷・製本　中央精版印刷株式会社

ISBN978-4-86472-407-4　Printed in Japan